AF364100

UNIVERSITÉ DE POITIERS
FACULTÉ DE DROIT

# DU

# VAGABONDAGE

## THÈSE POUR LE DOCTORAT

*Présentée et soutenue le mardi 5 juin 1900, à trois heures
dans la Salle des Actes publics de la Faculté*

PAR

### André DALESME

JUGE SUPPLÉANT AU TRIBUNAL CIVIL DE PARTHENAY

LIMOGES
ANCIENNE IMPRIMERIE DALESME (1729-1824)
Vᵉ H. DUCOURTIEUX
7, RUE DES ARÈNES, 7

1900

# DU  VAGABONDAGE

# UNIVERSITÉ DE POITIERS

## FACULTÉ DE DROIT

MM. LE COURTOIS (✳, I ☙), Doyen, Professeur de Droit civil.

DUCROCQ (O ✳, I ☙), Doyen honoraire, Professeur honoraire, Professeur honoraire à la Faculté de Droit de Paris, Correspondant de l'Institut.

THÉZARD (I ☙), Doyen honoraire, Professeur de Droit civil, Sénateur.

ARNAULT DE LA MÉNARDIÈRE (I ☙), Professeur de Droit civil.

NORMAND (I ☙), Professeur de Droit criminel, Assesseur du Doyen.

PARENTEAU-DUBEUGNON (I ☙), Professeur de Procédure civile et Voies d'exécution.

ARTHUYS (I ☙), Professeur de Droit commercial et chargé du Cours de Droit maritime.

BONNET (I ☙), Professeur de Droit romain et chargé du Cours de Pandectes.

PETIT (I ☙), Professeur de Droit romain et chargé du Cours de Science et Législation financières.

BARRILLEAU (I ☙), Professeur de Droit administratif et chargé d'un Cours de Droit administratif pour le Doctorat.

SURVILLE (I ☙), Professeur de Droit international public et privé, et chargé d'un Cours de Droit civil.

PRÉVOT-LEYGONIE (A ☙), Professeur d'Histoire du Droit public (Doctorat), de Droit constitutionnel comparé (Doctorat) et chargé d'un Cours de Principes du Droit public.

MICHON, Professeur adjoint, chargé des Cours d'Histoire générale du Droit français et d'Eléments du Droit constitutionnel (Iʳᵉ année), et du Cours d'Histoire du Droit (Doctorat).

GIRAULT (A ☙), Professeur d'Economie politique et chargé du Cours de Législation et Economie coloniales.

AUDINET (A ☙), Professeur adjoint, chargé des Cours de Droit civil comparé (Doctorat) et de Droit international public (Licence et Doctorat).

DUBOIS, chargé des Cours d'Economie politique (Doctorat), d'Histoire des doctrines économiques et de Législation et Economies rurales.

ISAMBERT, Chargé de conférences.

ROCHE (I ☙), Secrétaire.

COULON (I ☙), Secrétaire honoraire.

## COMMISSION

*Président :*    M. NORMAND, Assesseur du Doyen,

*Suffragants :*    M. ARNAULT DE LA MÉNARDIÈRE, Professeur,
            M. PRÉVOT-LEYGONIE, Professeur.

UNIVERSITÉ DE POITIERS
FACULTÉ DE DROIT

# DU

# VAGABONDAGE

## THÈSE POUR LE DOCTORAT

*Présentée et soutenue le mardi 5 juin 1900, à trois heures
dans la Salle des Actes publics de la Faculté*

PAR

### André DALESME

JUGE SUPPLÉANT AU TRIBUNAL CIVIL DE PARTHENAY

LIMOGES
ANCIENNE IMPRIMERIE DALESME (1729-1824)
Vᵉ H. DUCOURTIEUX
7, RUE DES ARÈNES, 7

1900

A MON PÈRE

# AVANT-PROPOS

Il est peu de questions, qui, en France, aient été étudiées et discutées avec plus de persévérance que celle du vagabondage, et cependant M. le député Cruppi pouvait écrire dans l'exposé des motifs de la proposition de loi qu'il déposait sur le bureau de la Chambre des députés, le 25 janvier 1899 : « Le problème social « du vagabondage, au double point de vue de l'assistance « et de la répression, s'impose plus que jamais à l'atten- « tion du législateur (1). »

Il est en effet impossible de ne pas constater qu'après un long passé de lutte contre ce fléau, dans tous les temps et chez tous les peuples, notre société moderne est encore impuissante soit « à châtier le vagabond cou- « pable, soit à assister fraternellement le vagabond « malheureux ». Aussi, dans ces derniers temps, nulle question ne préoccupa-t-elle davantage l'opinion publi-

(1) *Journal Officiel*, année 1899. Doc. parlementaires. Annexe n° 651, p. 495.

2

que : législateurs et magistrats, penseurs et criminalistes ont cherché et étudient encore aujourd'hui la solution de ce grave problème.

Aucun sujet ne nous a paru plus intéressant à traiter, car il touche aux domaines les plus divers : assistance, répression, sûreté publique, et il répond à deux idées fondamentales : le besoin de sécurité et le devoir de solidarité. Loin de nous la prétention de vouloir épuiser tous les développements qu'exige son importance et que ne comporte point d'ailleurs le cadre de notre travail. Notre but plus modeste a été de préciser par des notes générales la portée exacte et actuelle de cette importante question, au double point de vue préventif et répressif. Pour cela, nous avons pensé qu'après un examen historique préliminaire, indispensable à toute étude, une revue aussi complète que possible des législations étrangères, si fertiles en exemples précieux, s'imposait pour nous autoriser à la faire suivre d'une critique utile de notre législation. Ainsi devrons-nous terminer notre travail par l'exposé des principales réformes que comporte semblable matière, mettant en regard les différents projets dus aux penseurs et aux criminalistes.

Nous inspirant de la distinction faite par le Code pénal lui-même, par la plupart des législations étrangères et par certains des projets de réformes que nous passons en revue, nous avons laissé de côté l'étude de la mendicité simple, au point de vue de la répression, estimant que la question d'assistance étant la même que pour le vagabondage, nous pourrions donner ainsi de plus grands développements aux parties les plus intéressantes de notre sujet.

Notre tâche ne serait pas terminée si nous ne remplissions pas un devoir de reconnaissance dont nous nous acquittons avec plaisir. Que M. Drioux, substitut de M. le Procureur Général près la Cour d'appel d'Orléans, veuille bien nous permettre de lui adresser ici l'expression sincère de notre respectueuse gratitude pour l'obligeance avec laquelle il a bien voulu nous communiquer certains documents qui, au cours de cette étude, nous ont été d'un précieux secours en même temps qu'ils nous ont fourni une fructueuse occasion d'apprécier sa haute compétence de criminaliste distingué.

Nous exprimons nos affectueux remerciements au docteur Jaulin qui, par ses conseils et la communication de ses renseignements personnels sur la question médico-légale, a rendu cette partie de notre travail bien facile.

# INTRODUCTION

---

§ 1. — *Définition et causes du vagabondage.*
*Statistique*

Le vagabondage est l'état des gens qui ont l'habitude
d'errer çà et là, sans but, sans travail et sans moyens
connus ou licites de satisfaire aux besoins ordinaires de
l'existence (1).

Vices propres à l'individu, éducation ou manque d'éducation de la famille, infirmités naturelles ou accidentelles sont autant de causes variées et multiples du
vagabondage.

Le vice dominant chez le vagabond est incontesta-
blement la paresse. Chez les uns : paresse innée, instinc-
tive, d'autant plus impérieuse que très souvent elle
n'est combattue ni par les bons exemples, ni par les
bons conseils d'une famille soucieuse de ses devoirs
d'éducation. Chez les autres, paresse voulue au début,

---

(1) DALLOZ, *Répertoire*, Vᵒ Vagabondage.

peu à peu invincible, finissant par atrophier l'énergie,
résultat d'entraînements néfastes. C'est l'ancien paysan
grisé par les attraits de la ville endimanchée, qui, libéré
du service militaire, cherche un gain facile à l'atelier
que bientôt il doit déserter devant la concurrence des
ouvriers. C'est l'artisan des villes qui, ignorant les principes d'ordre et d'épargne, se laisse aller à un invincible
entraînement vers les dépenses d'un luxe hors de
proportion avec l'augmentation des salaires. C'est le
jeune homme qui, après de modestes succès à l'école
communale, abandonne la vie agricole ou commerciale,
faisant la chasse aux diplômes insuffisants pour assurer
l'existence matérielle. Tous forment alors, suivant une
expression heureuse, « la classe des déclassés (1) ».
L'oisiveté, chez eux, étant plus que jamais la mère de
tous les vices, ils deviennent promptement de dangereux
parasites pour la société. Ce sont ceux-là qui, traînant
leur misère sur les grandes routes, vont de ville en ville,
de village en village, vivant ici de la charité publique,
là spéculant sur la peur que leur vue inspire au paysan
qui craint le vol ou l'incendie. Il suffit d'avoir assisté à
une audience d'un tribunal correctionnel pour les connaître : vêtus de haillons, le teint pâle, l'œil hagard sous
un sourcil froncé, c'est d'une voix rauque qu'ils font, à

(1) *Revue des Deux-Mondes*, 15 mars 1899, E. Fourqret, *Les vagabonds criminels*.

M. Maxime du Camp a tracé un tableau saisissant du valet de charrue arrivant à Paris pour y chercher fortune et vite déçu dans ses espérances. (*Revue des Deux-Mondes*, 1884, p. 575.)

cette question inévitable : « Pourquoi avez-vous quitté votre pays d'origine ? », cette invariable réponse : « Parce qu'il n'y avait plus de travail. »

Plus de travail ! Est-ce que parfois cette réponse serait une vérité ? Est-ce qu'il existe des hommes qui désirant travailler ne peuvent le faire ? Y a-t-il, pour employer des expressions modernes, à côté des « *volontaires de l'indigence* », des « *forçats du chômage* (1) ». Hélas oui ! et si l'on joint leur nombre à celui de toutes les victimes d'une mauvaise fortune qui n'ont point essayé, dès le début, de lutter avec courage contre l'oisiveté, on arrive à un chiffre qui classe le chômage parmi les causes certaines du vagabondage (2).

Si le manque de travail est généralement l'excuse invoquée par l'individu prévenu du délit de vagabondage, bien souvent aussi ce prévenu allègue un état maladif ou une infirmité incurable et souvent cette allégation est malheureusement exacte. Rentrés à l'hôpital à la suite d'un accident ou d'une maladie, combien d'ouvriers en sortent ayant perdu leurs forces après avoir perdu leurs places ; abattus, découragés, ils vont devant eux,

(1) *Le Correspondant*, année 1892, p. 836 (Maurice VAULAN, *Le chômage de l'ouvrier*.)

(2) M. Moron, directeur de l'Office du travail, a évalué à 30°/₀ le nombre des travailleurs atteints par chômage. De plus les statistiques ont révélé qu'en 1891 il y a eu 2,841,000 places demandées aux bureaux de placements autorisés, aux syndicats, sociétés de bienfaisance, etc. Il en a été procuré 1,122,600, pas la moitié ! (Rapport de M. Drioux au Vᵉ Congrès pénitentiaire international, p. 180 de la *Revue de la Commission pénitentiaire internationale*, avril 1895.)

espérant gagner le salaire nécessaire pour vivre, mais pas assez heureux ou pas assez habiles pour trouver de l'ouvrage, hésitants tout d'abord, ils finissent par tendre la main. C'est alors la chute complète qui les fait glisser jusqu'aux bas-fonds de l'oisiveté.

Ainsi donc : vices propres à l'individu, chômage, infirmités accidentelles ou maladies, telles sont les sources principales du vagabondage. Et malheureusement la statistique pourrait nous faire craindre que ces sources soient intarissables si, comme nous le constatons au cours de cette étude, la faiblesse de la répression et l'absence d'une organisation complète de l'assistance en France n'étaient l'explication du développement toujours croissant de ce fléau.

Aussi pour bien mesurer l'étendue du mal, nous semble-t-il indispensable de reproduire ici les chiffres révélés par les comptes généraux de l'Administration de la justice criminelle établis sous le contrôle du Ministère de la justice.

*Nombres moyens annuels par périodes quinquennales de 1826
à 1880, des affaires et des prévenus jugés en matière de
vagabondage (art. 271 C. P.).*

| ANNÉES | AFFAIRES | PRÉVENUS | ANNÉES | AFFAIRES | PRÉVENUS |
|---|---|---|---|---|---|
| 1826 à 1830 | 2,544 | 2,910 | 1856 à 1860 | 5,833 | 6,255 |
| 1831 à 1835 | 2,875 | 3,204 | 1861 à 1865 | 5,631 | 6,001 |
| 1836 à 1840 | 3,200 | 3,445 | 1866 à 1870 | 7,902 | 8,419 |
| 1841 à 1845 | 4,139 | 4,401 | 1871 à 1875 | 9,363 | 9,865 |
| 1846 à 1850 | 6,089 | 6,661 | 1876 à 1880 | 10,000 | 10,429 |
| 1851 à 1855 | 7,180 | 7,763 | | | |

Le calcul n'a pas encore été établi pour la période
de 1880 à 1895. Néanmoins il nous paraît intéressant
de reproduire les chiffres de la statistique criminelle
pour la période décennale de 1887 à 1896.

| ANNÉES | AFFAIRES | PRÉVENUS | ANNÉES | AFFAIRES | PRÉVENUS |
|---|---|---|---|---|---|
| 1887 | 17,626 | 18,210 | 1892 | 18,816 | 19,356 |
| 1888 | 17,737 | 18,414 | 1893 | 18,067 | 18,628 |
| 1889 | 19,116 | 19,715 | 1894 | 19,123 | 19,723 |
| 1890 | 19,418 | 19,971 | 1895 | 18,816 | 19,356 |
| 1891 | 17,437 | 17,887 | | | |

Pour l'année 1896, nous avons cru devoir donner le
tableau complet fourni par le compte général de l'Administration de la Justice criminelle, car c'est là la
dernière statistique parue.

## Année 1896

### I. — *Délits jugés par les tribunaux correctionnels*

| Affaires | Prévenus | HOMMES | | | FEMMES | | |
|---|---|---|---|---|---|---|---|
| | | âgés de moins de 16 ans | âgés de 16 à 21 ans | âgés de plus de 21 ans | âgées de moins de 16 ans | âgées de 16 à 21 ans | âgées de plus de 21 ans |
| 15,009 | 15,387 | 193 | 2,285 | 12,138 | 52 | 137 | 582 |

### I bis — *Résultats obtenus*

| Acquittés | AGÉS DE MOINS DE 16 ANS | | | CONDAMNÉS | | |
|---|---|---|---|---|---|---|
| | Remis à leur familles | Envoyés en correction | | à l'emprisonnement | | à l'amende |
| | | pour plus d'un an | un an et moins | pour plus d'un an | un an et moins | |
| 603 | 47 | 151 | 1 | 15 | 14,511 | 26 |

### II. — *Nombre par département du ressort de la Cour d'appel de Poitiers des prévenus de vagabondage jugés par les tribunaux*

| Charente-Inférieure | Deux-Sèvres | Vendée | Vienne |
|---|---|---|---|
| 110 | 128 | 118 | 72 |

Pour en finir avec la statistique, mentionnons l'évaluation faite par M. Hubert du Puy, conseiller à la cour d'appel de Dijon, de ce que coûtent à l'Etat les poursuites en matière de vagabondage et de mendicité. M. du Puy évalue à trois millions par an les dépenses occasionnées par ces poursuites (1).

(1) HUBERT DU PUY, *Vagab. et mendicité*, p. 41.

## § 2. — *Le vagabondage est un délit* (1).
*Fondement du droit de répression. Limites de ce droit*
*de répression.*

Tous les chiffres énoncés dans le précédent paragraphe sont suffisamment éloquents par eux-mêmes et démontrent surabondamment la gravité du mal et l'urgente nécessité du remède. Aussi pourrait-il paraître étrange qu'après de telles constatations nous posions cette question : le vagabondage est-il un délit ? Elle n'a cependant rien de déplacé, puisque de tous temps elle a été traitée et résolue, soit par la négative par quelques-uns, soit par l'affirmative par le plus grand nombre. C'est donc qu'elle a son importance et qu'elle mérite d'être examinée.

Pour qu'une action soit punissable, il faut que son exécution trouble l'harmonie sociale et porte atteinte aux droits d'autrui. C'est là un des principes fondamentaux de la loi pénale. Or nous avons vu, d'après la définition même que nous en avons donnée, que vagabonder était le fait d'un individu qui a l'habitude d'errer çà et là, sans but, sans travail et sans ressources

(1) Nous prenons ici le mot délit comme synonyme d'infraction (V. Nou-
mand, *Traité de droit criminel*, p. 104.

connues. Est-ce donc là un acte qui porte atteinte aux droits ou à la liberté d'autrui ?

> Ne point passer demain où ce soir on passait
> Piquer droit devant soi, seul, libre, à l'aventure
> . . . . . . . . . . . . . . . . . . . . . . . . . . .
> . . . . . . . . . . . aller où le vent vous poussa
> Son bâton à la main, son bissac à l'épaule,

et avoir pour pays :

> Le grand pays dont la grand'route est le sentier.

comme le chemineau du charmant poète Richepin, sont-ce là des actes punissables? Et les punir, n'est-ce pas entraver la liberté individuelle ?

On l'a prétendu. Ceux qui l'ont soutenu ont affirmé que le vagabondage était au plus « la fainéantise constatée » (1). Or, dit-on, l'oisiveté est un vice. Elle est mauvaise, c'est incontestable : « Une monstruosité dans ce monde, c'est le fainéant », a dit le philosophe anglais Carlyle. Mais alors si elle est mauvaise à ce point, qu'elle soit punissable, pourquoi l'est-elle pour les uns et non pas pour les autres ? Et si la loi pénale vise les oisifs pauvres, elle doit également viser les oisifs riches, « ceux qui ne rendent à la société ni « travail ni richesses, qui accumulent toujours sans « perdre, que le vulgaire respecte avec une admiration

_____

(1) Regnard, *De la suppression des délits de vagabondage et de mendicité*, p. 33.

« stupide et qui sont, aux yeux du sage, un objet de
« mépris (1) ».

Il y a donc une contradiction flagrante. En réalité
conclut-on, le vagabondage ne doit pas être un délit.
C'est là un dilemne : en effet, ou le vagabond est vagabond volontaire et l'on ne peut le punir puisque
« le travail, quoiqu'il soit la destinée de l'existence
« humaine, ne peut être imposé par la contrainte, et
« dans toute cité il est permis à tout citoyen de vivre à
« sa guise, pourvu qu'il ne lèse ni le droit public ni le
« droit privé, et celui qui ne commet aucune infraction
« à cet égard ne peut se voir imposer le travail au nom
« de la loi. » (2).

Ou le vagabond est vagabond involontaire, et alors
il est victime d'un état social mauvais, impuissant, soit
à lui faciliter, soit à lui procurer les ressources nécessaires à son existence. Dans ce cas là il ne peut être
question de répression, mais bien au contraire d'assistance.

Telle est la théorie séduisante par certains côtés, qui
a été soutenue, non sans talent, par un petit nombre
d'auteurs.

À notre avis le point de départ de cette théorie est
faux. Certes ce serait une entrave très fâcheuse à la

(1) BECCARIA, *Des délits et des peines*, § 34. Nouvelle édition avec intro-
duction et commentaire, par Faustin-Hélie, p. 173.

(2) VAN LAMEP, *Disputatio juridica ad valentiniani constitutionem de
Mendicantibus validis*, p. 95 et 174.

liberté individuelle que d'empêcher, dans une nation libre, un citoyen libre de vivre à sa guise. Mais est-ce là le résultat obtenu par la législation qui classa le vagabondage parmi les infractions pénales? Evidemment non. En agissant ainsi le législateur a voulu réprimer un genre de vie duquel peuvent naître certains périls pour la paix publique. Il est évident que le vagabondage est plutôt un acte préparatoire qu'un véritable délit ; mais il est naturel de prévoir qu'un individu oisif peut, en raison même de cette oisiveté et de ses besoins, être conduit à des actes répréhensibles et nuisibles à la société qui a le droit de les prévenir. C'est là un principe indiscutable qui a été nettement établi dans un rapport que M. Bernand d'Airy, député de l'Yonne, déposa sur le bureau de l'Assemblée Législative, le 13 juin 1792 : « La loi n'a de prise, dit-il, que sur les « actions qui peuvent intéresser l'ordre établi par elle ; « mais elle ne peut voir d'un œil indifférent ceux qui, « sans l'attaquer ouvertement, conduisent néanmoins à « porter le trouble dans la société. Si la société a le « droit de veiller sur la conduite physique de ses mem- « bres, elle n'a pas moins celui d'inspection sur leur « conduite morale (1). »

On a affirmé également, pour arriver à la justification des lois répressives en matière de vagabondage, que

_____

(1) COUNXOR. *Mendiants et vagabonds professionnels.* Discours de rentrée prononcé à la Cour d'appel d'Angers (1895), p. 2.

l'homme est astreint, sur la terre, à l'obligation naturelle du travail, obligation découlant d'un pacte social
et que l'homme viole lorsqu'il ne travaille pas. Si celui
qui existe a le droit de dire à la société : « Fais-moi
vivre », écrivait La Rochefoucauld-Liancourt ; la société
a également le droit de lui dire : « Donne-moi ton travail » (1).

Nous n'irons pas jusqu'à admettre cette théorie qui
est entachée d'un utilitarisme trop étroit. Si on l'admet-
tait, le vagabond devrait être frappé par cela seul qu'il
est en état de vagabondage et la société ne lui devant
ainsi ni aide ni protection, le droit à l'assistance serait
anéanti. Ce serait là la consécration d'une suprême
injustice.

Cependant nous pensons qu'il ne faut pas voir seulement dans le vagabondage un simple acte préparatoire,
qu'il y a lieu de prévenir en raison de sa nature dangereuse. Il est bien certain également qu'en vivant dans
l'oisiveté, l'homme devient une charge pour la société
et méconnaît alors une de ses principales obligations
sociales. Suivant l'expression de M. Faustin-Hélie, « il y
« a chez l'homme qui mène une vie fainéante et oisive,
« non-seulement une disposition dangereuse, mais aussi
« une sorte d'immoralité ».

Ainsi donc en décidant, dans l'article 279 C. P., que
le vagabondage était un délit, le législateur n'a point

(1) BECCARIA, *Des délits et des peines.*

voulu punir l'oisiveté seule, mais affirmer un principe permettant de prendre des mesures coercitives contre des manières d'être et de vivre menaçantes pour l'ordre public.

Les statistiques de la criminalité donnent, à elles seules, raison à l'opinion que nous soutenons. De tous temps les malfaiteurs dangereux se sont recrutés parmi les vagabonds et les gens sans aveu ; et c'est une vérité d'affirmer que le vagabondage est en rapport direct avec la criminalité. En 1885, lors de la discussion de la loi sur les récidivistes, l'éminent président du Conseil des Ministres, alors ministre de l'intérieur, disait avec raison, à la tribune du Sénat, que les vagabonds étaient « les agents et les multiplicateurs de la criminalité. « C'est en effet le vagabondage, ajoutait-il, qui, dans « les grandes villes, est l'école préparatoire du crime » (1). A l'appui de ses dires, M. Waldeck-Rousseau apportait des chiffres concluants se référant aux dernières statistiques de l'époque : « A Paris, soutenait-il, sur 250 con- « damnés ayant subi cinq condamnations, la presque « unanimité a préludé au vol par le délit de vagabon- « dage, quatre-vingt-onze seulement n'ont été condamnés « que pour vol. Enfin en 1882, on arrêtait à Paris « 6,350 vagabonds, on en a trouvé 5,970, soit 94 %, « ayant des casiers judiciaires, constituant par consé- « quent des vagabonds dangereux, et seulement 380,

<hr>

(1) *Journal officiel* du 14 février 1885. Débats parlementaires. Sénat, p. 144.

« soit 6 %, représentant le contingent des malheu-
« reux » (1).

Si au lieu d'envisager seulement les arrestations
faites à Paris, on généralise et on étudie la criminalité
de la France, la même constatation s'impose et on arrive
à la même conclusion. Il nous paraît intéressant de
signaler les proportions relevées, depuis 1826 jusqu'à 1896, du nombre des vagabonds accusés de crimes, que nous empruntons à la statistique du ministère
et qui résultent du tableau suivant :

*Nombre proportionnel des vagabonds sur 100 accusés :*

| De 1826 à 1830 | De 1831 à 1835 | De 1836 à 1840 | De 1841 à 1845 | De 1846 à 1850 | De 1851 à 1855 | De 1856 à 1860 | De 1861 à 1865 | De 1866 à 1870 | De 1871 à 1875 | De 1876 à 1880 | De 1881 à 1885 | De 1886 à 1890 |
|---|---|---|---|---|---|---|---|---|---|---|---|---|
| 5 | 8 | 9 | 5 | 5 | 6 | 6 | 6 | 5 | 6 | 7 | 7 | 8 |

En 1890, sur 4,078 accusés de crimes, 295 étaient
des gens devenus sans aveu.

En 1896, sur 3,450 accusés de crimes, 267 étaient
des gens sans aveu.

Dans le ressort de la Cour d'appel de Poitiers, il y a
eu soixante-dix-huit accusés de crimes parmi lesquels
se trouvaient cinq vagabonds.

(1) *Journal officiel* du 14 février 1885. Débats parlementaires. Sénat, p. 144.

## I

*Nombre des récidivistes vagabonds ayant subi précédemment les travaux forcés, la réclusion, un emprisonnement correctionnel de plus d'un an.*

| 1880 | 1890 | 1896 |
|---|---|---|
| 1,787 sur 15,710 récidivistes | 2,712 sur 14,692 récidivistes | 2,548 sur 12,507 récidivistes |

## II

*Nombre des récidivistes vagabonds qui avaient précédemment subi un emprisonnement à une détention correctionnelle d'un an au moins.*

| 1880 | 1890 | 1896 |
|---|---|---|
| 6,193 sur 48,962 récidivistes | 12,277 sur 71,738 récidivistes | 9,909 sur 69,560 récidivistes |

Ces chiffres et ceux que nous avons donnés plus haut indiquent une légère diminution du nombre des vagabonds, mais la proportion au point de vue criminel reste sensiblement la même, puisqu'en 1835 et en 1890 elle est de 8 vagabonds par 100 accusés.

Ce sont donc autant de preuves matérielles et malheureusement trop concluantes apportées à l'appui de l'opinion que nous soutenons, et, il est juste de dire avec M. Garraud, que le vagabondage est en rapport direct avec la criminalité (1).

(1) GARRAUD, *Traité du Droit Pénal*, t. IV. Du vagabondage.

Mais si la répression est urgente en pareille matière, elle a cependant ses limites. Si elle est nécessaire contre un oisif incorrigible et dangereux, elle serait inhumaine contre l'homme que les nécessités sociales ou des accidents de la vie ont, malgré ses efforts, laissé seul et désemparé. C'est là le côté vrai de la théorie soutenue par les partisans de la suppression du délit de vagabondage, que prétendre à l'assistance en faveur de l'individu involontairement vagabond. La misère n'est ni un crime ni un délit, c'est un malheur pour celui qu'elle atteint; on ne punit pas le malheur, on le soulage, quand on n'a pu le prévenir.

Une distinction s'impose donc : seuls doivent être punis ceux qu'on a justement appelé les vagabouds professionnels; seuls doivent être secourus ceux qui, en raison d'une situation indépendante de leur volonté, sont vagabonds accidentels.

Assistance d'un côté, répression de l'autre. Ce sont là les deux facteurs essentiels d'une bonne législation sur le vagabondage.

Telles sont les remarques que nous devions faire au début même de notre étude.

# PREMIÈRE PARTIE

---

# HISTORIQUE

---

Au premier abord, une revue historique en matière de vagabondage pourrait paraître inutile. On pourrait croire, en effet, que l'étude de ce problème en est à son origine lorsqu'on constate combien peu avancée en est la solution, à une époque où, sous un régime démocratique, les questions sociales de ce genre se recommandent si justement à l'attention du législateur.

Il n'en es˙ rien cependant. La lutte contre le vagabondage est une des faces de cette entreprise contre le paupérisme. Or, le paupérisme est vieux comme le le monde. De tous temps, chez tous les peuples, le législateur a tenté de détruire le vagabondage, et les moyens qu'il a employés ont varié suivant les pays et suivant les régimes politiques. Aussi leur étude sera-t-elle pour nous un enseignement précieux.

C'est ainsi que nous constaterons combien juste et précise était l'idée que sous l'ancienne monarchie on a toujours eue du problème à résoudre. Il sera particulièrement intéressant aussi de voir qu'en pareille matière les principes de l'ancien droit ont toujours persisté.

## CHAPITRE I<sup>er</sup>

### Législations anciennes

Ce n'est point dans les sociétés antiques qu'il y a lieu de rechercher des exemples fructueux. Le paupérisme, c'est-à-dire le contraste d'une classe nombreuse et libre de la société en proie aux terribles luttes de l'indigence (1), n'y avait pas l'importance qu'il a de nos jours. Les causes en étaient annihilées par la puissante organisation de la famille et par la force des principes communistes, règles absolues en matière de propriété à cette époque primitive. De plus, l'institution de l'esclavage, presque à elle seule, anéantissait le paupérisme. Certes l'esclave était plus misérable que le vagabond actuel, puisqu'il n'y a pas de plus grande misère pour l'homme que la privation de lui-même et la perte de sa liberté. Mais cependant l'esclave n'était pas un pauvre au sens rigoureux du mot, c'est-à-dire un homme libre

(1) DALLOZ, *Rép.* V° Secours publics.

dépourvu de moyens de satisfaire aux besoins de la vie matérielle. Enfin une espèce de sentiment religieux s'attachait à l'hospitalité et les hommes libres trouvaient toujours, dans la famille, aide et protection contre la misère. A Rome, notamment, le faible et le souffrant étaient secourus au sein des pénates domestiques, dans le lieu appelé *valetudinare*.

En Egypte, sous la civilisation du règne des Pharaons, le paupérisme a été énergiquement combattu. Chez les Hébreux, il l'était également par le retour périodique du jubilé, ramenant l'égalité des terres et l'extinction des dettes. Enfin à Athènes il existait des établissements d'épargne et de prévoyance et des associations mutuelles de secours entre les hommes libres (1).

Malgré cet état des institutions, la mendicité et le vagabondage inquiétèrent souvent les sociétés antiques.

D'après Hérodote, les Egyptiens ne supportaient ni les mendiants ni les vagabonds. Les lois d'Amasis condamnaient, comme nuisibles à l'Etat, ceux qui ne pouvaient rendre compte au juge de police de leur profession ou de leurs moyens d'existence.

En Grèce, Dracon a édicté, contre les oisifs, la peine de mort. Solon les fit surveiller par l'Aéropage qui prononçait contre eux la proscription.

A Rome aussi des mesures sévères avaient été également ment prises. Une des principales fonctions des censeurs

(1) Dalloz, *Rép.* V° Secours publics.

était d'exercer une surveillance sévère sur les mendian*s
et les vagabonds. De plus l'homme qui refusait de se
soumettre à l'obligation du travail se voyait supprimer
la liberté et réduire à l'esclavage.

La situation première des sociétés antiques ne dura
point longtemps. Les anciens législateurs qui avaient
cru de bonne foi assurer le bonheur des peuples par le
communisme des terres s'étaient trompés. Avec le
temps, en effet, la richesse générale diminua sensiblement, car le travail, bientôt considéré comme un déshon-
neur, la propriété passa aux mains des esclaves, venant
des affranchis et des hommes libres que l'on ne tarda
pas à rencontrer parmi les premiers mendiants et vagabonds.

C'est avec la République romaine qu'apparurent les
premières traces du paupérisme. Des agitations nombreuses ne tardèrent pas à se produire dans la classe
pauvre ; la retraite sur le Mont-Sacré en est une des
principales. Cet état de choses s'aggrava avec l'immense
développement de la ville de Rome sous le règne des
empereurs, grâce à la dépravation des mœurs, aux
habitudes oisives et aux libéralités dont les hommes au
pouvoir comblaient ce peuple corrompu, pour l'enchaî-
ner à leur fortune (1). Et la décadence des Romains se

(1) A l'avènement de César, dit M. l'avocat général Bonnet, dans son
discours de rentrée à la Cour d'appel de Paris du 16 octobre 1899,
320.000 citoyens étaient inscrits à l'Annona, c'est-à-dire les trois quarts
de ceux qui avaient droit de cité.

traduisit par ce cri célèbre devenu une devise : *panem et circenses* (1).

C'est alors que naquit l'idée d'une assistance régulière et qu'à côté des mesures répressives apparurent les mesures préventives contre la mendicité et le vagabondage.

D'après les historiens, Nerva serait le premier qui aurait eu l'idée d'étendre à l'Italie l'espèce d'assistance dont Rome seule profitait. Après lui, Trajan créa une institution originale dont bénéficièrent Rome et l'Italie entière. Des aliments étaient fournis aux enfants pauvres, de condition libre, que leurs parents étaient dans l'impossibilité de nourrir, afin de les empêcher de tomber dans l'esclavage. Une sorte de Crédit foncier avait été organisé par cet empereur, à l'effet de couvrir les dépenses occasionnées ainsi. Il prêtait à perpétuité un capital aux propriétaires des colonies et des municipes qui hypothéquaient leurs terres. L'intérêt formait le revenu annuel et était versé dans la caisse des secours publics (2). Par une loi 14, titre 18, du Code Théodosien, l'empereur Valentinien ordonna que tout mendiant sollicitant la charité publique serait soumis à une visite corporelle et s'il n'était atteint d'aucune infirmité, il était condamné à perdre la liberté.

Sous l'empereur Justinien, imbu d'idées pratiques et

(1) DALLOZ, *Répert.* V° Hospices.
(2) OUBERT, *Des moyens de prévenir la mendicité et le vagabondage.* Thèse pour le doctorat. Dijon, 1898. Historique.

généreuses, nous voyons apparaître une disposition législative qui est encore à l'état de proposition de nos jours. Cette disposition, discutée et adoptée par les récents congrès pénitentiaires, figure dans tous les projets actuels que nous aurons à examiner.

Le souverain jurisconsulte fait une distinction entre les pauvres valides et les pauvres infirmes. Les premiers sont livrés aux maîtres des travaux publics, aux préposés à la panification, et, à la moindre résistance, ils sont chassés de la cité. Les infirmes, au contraire, ne sont pas inquiétés et leurs noms sont donnés à tous ceux qui veulent agir pieusement. Quant aux étrangers, ils sont renvoyés dans leurs provinces respectives (1).

Des hôpitaux nombreux sont fondés ; on en retrouve les noms au Code de Justinien (2).

Ξενωνες, pour les étrangers ;

Ορφανοτροφια, pour les orphelins ;

Γεροντοκομια, pour les vieillards ;

Πτωχοροφια, pour les pauvres ;

Νοσοκομια, pour les malades ;

Βρεφοτροφια, pour les enfants trouvés.

Justinien accorda de sérieux privilèges à toutes ces maisons qui étaient nombreuses. En outre, il décida que tous les biens laissés aux pauvres seraient recueillis par les évêques au nom des pauvres. Les églises pouvaient recueillir, libres et entiers, les biens qui leur parve-

(1) Novelle 80. Tit. 9, chap. V. *De Mendicandibus validis. De Quæstore.*
(2) Code. Loi I, tit. II, loi 18. *De Sacrosanctis Ecclesiis.*

naient (1). Elles étaient exemptes de toute charge extra-
ordinaire ou sordide (2). Les membres du clergé
venaient-ils à mourir sans enfant et sans avoir fait de
testament, leurs biens étaient destinés à l'Eglise. Aussi
l'Eglise possédait des biens immenses qui lui permet-
taient de soulager de nombreuses infortunes.

Toutes ces idées généreuses avaient pris naissance
sous la bienfaisante influence du christianisme, précieux
auxiliaire des philosophes de l'époque qui cherchaient
un remède à la grande misère régnant alors. « En
« même temps qu'elle proclamait comme un dogme la
« solidarité humaine, dit M. l'avocat général Bonnet, la
« nouvelle religion posait ce principe inflexible et salu-
« taire qui fixe à la fois le droit et le devoir de chacun,
« qui est devenu la loi primordiale de toute organisation
« sociale : « Le travail est la loi de l'humanité », cette
« règle dont saint Paul donnait cette traduction farou-
« che : *Quoniam si quis non vult operari, non man-*
« *ducet* (3). »

(1) Loi 18. Code. Liv. I, tit. II.
(2) Loi 2. Code Just. Liv. I, tit. III. *De Episcopis et Clericis.*
(3) Discours de M. l'avocat général Bonnet à l'audience solennelle de
rentrée de la Cour d'appel de Paris. 16 octobre 1899.

# CHAPITRE II

## Ancien Droit (1)

Dans l'ancienne France, le fléau du vagabondage n'a pas été moins inquiétant. Aussi, émus par ce danger social, les conciles eurent-ils la pensée d'empêcher la mendicité et le vagabondage. Celui de Tours notamment, en l'an 570, prescrivit à chaque paroisse l'entretien de ses pauvres. « C'est là, dit encore M. l'avocat « général Bonnet, dans le discours que nous avons « cité, l'origine de la théorie du domicile de secours qui « répond à l'idée de garantie mutuelle entre ceux « qu'unit une communauté d'intérêt, théorie dont l'application peut seule prévenir les abus de la charité, « et, en la localisant, décourager la mendicité vaga- « bonde, la plus redoutable, celle qui porte la plus « grave atteinte à la sécurité sociale. »

Trouvant ainsi la voie ouverte au progrès, Charlemagne, dans ses *Capitulaires* (2), tenta en 806 le premier essai d'organisation de l'assistance publique, en défendant expressément de faire l'aumône aux pauvres

(1) La législation de l'ancien droit n'a fait aucune distinction entre le vagabondage et la mendicité · le terme mendiant comprenant celui de vagabond dans les ordonnances. Nous devions signaler cette particularité.

(2) *Capitulaires,* liv. II, chap. XI, XIV, XIX, XXXIII.

hors de leur commune et de nourrir aucun mendiant valide qui se refuserait à travailler.

Sous le régime féodal, la mendicité et le vagabondage semblent avoir disparu, mais ce n'était qu'une accalmie passagère et, au XII<sup>e</sup> siècle, les voleurs et les assassins se recrutent parmi les mendiants et les vagabonds. En 1270, Louis IX, renommé cependant pour sa sollicitude envers les pauvres, est contraint de décréter, dans ses *Etablissements publics*, que « tout fainéant « qui, n'ayant rien et ne gagnant rien, fréquente les « tavernes, soit arrêté, interrogé sur ses facultés, banni « de la ville, s'il est surpris en mensonge, convaincu de « mauvaise vie ».

Cependant cet état de choses empira. La fondation d'ordres religieux des mendiants, l'affranchissement des communes sous le règne de Philippe le Bel, plus tard nos guerres malheureuses avec l'Angleterre, la peste générale de 1348 furent de nouvelles sources de misères auxquelles le vagabondage s'alimenta. Enfin, l'immigration en Europe d'un peuple entier connu sous le nom de Bohémiens, venu on ne sait d'où et coïncidant avec la sanglante Jacquerie, donna naissance à la première de cette longue série d'ordonnances. royales qui ont édicté, contre le vagabondage, des peines sévères, mais inefficaces. L'ordonnance du 30 janvier 1350 prohibe très sévèrement, en effet, l'oisiveté et décide « que dans les trois jours, les personnes qui « seront trouvées oisives ou jouant aux dez ou men-

« diant, ils seront punis et menez en prison au pain et
« ainsi tenuz par l'espace de quatre jours, et quand ils
« auront esté délivrés de ladite prison, s'ils sont trouvés
« oiseux ou s'ils n'ont biens dont ils puissent avoir leur
« vie ; ou s'ils n'ont avec des personnes suffisans, sans
« fraude, à qui ils fassent besoigne ou qu'ils servent, ils
« seront mis au pillory et la tierce fois ils seront signez
« au front d'un fer chaud et bannis des dits lieux » (1).

Quatre ans après, au mois de novembre 1354, une ordonnance identique intervenait encore. D'ailleurs, à partir de cette époque, ces mesures rigoureuses vont se succéder, nécessitées par des faits qui sont devenus historiques. En effet, du XII<sup>e</sup> au XVI<sup>e</sup> siècle, la France, l'Italie et l'Espagne sont ravagées par des bandes de brigands et de vagabonds, épaves, dit-on, de la première Croisade, dont les noms ont varié suivant les temps, les lieux et le caractère des chefs qui les commandaient. Ce sont, d'après les chroniqueurs du temps : Les Tard-Venus, les Brabançons, les Rotondeurs, les Armagnacs, les Ecorcheurs, les Bandouillers, les Cottereaux, les Navarrais, les Mille-Diables, et enfin ces bandes noires de Grandes-Compagnies que Du Guesclin réussit en 1364 à conduire en Espagne.

La répression de tous ces bandits fut souvent très faible, grâce à la protection que leur accordaient les seigneurs à qui ils servaient de soldats.

(1) ISAMBERT, *Rec. génér. des anc. lois*, t. IV, p. 576.

Le mal persista longtemps et, en 1456, Charles VII rendait une ordonnance qui édictait la peine des galères contre tout individu trouvé en état de vagabondage (1).

Louis XI, Charles VIII et Louis XII prirent également des mesures très rigoureuses par la déclaration du 6 juillet 1493 et une ordonnance de 1498.

Une ordonnance du 25 septembre 1523, rendue sous François Ier, nous montre les proportions désastreuses atteintes par le vagabondage ; aussi des mesures rigoureuses sont-elles multipliées, par la déclaration de 1526, par les édits du mois de janvier 1534, du 30 août 1531, du 26 mai 1537, l'ordonnance de décembre 1540 et l'édit du 15 octobre 1544. La peine des verges et du fouet, le supplice de la roue, le bannissement sont ordonnés contre les vagabonds valides. Mais en même temps l'édit de 1536 ordonnait la création de bureaux de charité destinés aux invalides. Les principes de cet édit sont considérés comme la première base des établissements appelés depuis Dépôts de mendicité (2).

Devant l'inefficacité de ces mesures, qui eurent surtout pour conséquence de faire affluer les mendiants aux ateliers, on essaya de procurer du travail aux mendiants et, à cet effet, intervint la Déclaration du 16 janvier 1545 portant « que les mendians valides

(1) ISAMBERT, *loc. cit.*, t. IX, p. 303.

(2) M. l'avocat général Eyquem, dans un discours prononcé à l'audience solennelle de rentrée de la Cour d'appel d'Agen du 16 octobre 1895, p. 16, et M. Charles Dupuy (*Revue pénitentiaire*, 1889, p. 483), en font remonter l'origine à Louis XIV.

« seront employés par les prévots des marchands et
« échevins de Paris, à travailler aux ouvrages pu-
« blics (1). »

De plus, cette ordonnance décidait que ceux qui se
refuseraient au travail seraient punis des verges et
bannis à perpétuité. Cette ordonnance fut complétée par
l'Edit du 15 juillet 1547 (2), qui divise les mendiants en
trois catégories :

1° *Les mendiants valides,* qui sont astreints à certains travaux d'utilité publique sous peine du fouet et
du bannissement pour les femmes et des galères pour
les hommes ;

2° *Les malades ou invalides,* pour lesquels il est
ordonné : « Iceux estre promptement menez et distri-
« buez par les hopitaux et maisons-Dieu de votre dite
« ville, prévosté et vicomté dudit Paris pour y estre
« nourris, secourus et entretenus des deniers et revenus
« desdits hospitaux et maisons-Dieu, selon le revenu
« d'iceux » ;

3° *Les malades* « qui ont maisons, chambres, logis,
« lieux de retraite en votre dite ville de Paris et n'ayant
« aucun moyen de travailler ni gagner leur vie ou qui,
« avec tout leur devoir et travail, ne se peuvent entière-
« ment substanter : nous voulons et ordonnons qu'ils
« soient nourris, secourus et entretenus par les parois-

(1) Isambert, *loc. cit.,* t. XII, p. 900.
(2) Isambert, t. XIII, p. 23.

« siens de chacune paroisse qui en ceste fin en feront
« faire les rooles par le curé ou vicaire et marguillers,
« chacun en son église et paroisse, pour leur distribuer
« en leur maison, ou tel lieu commode qui sera adressé
« par lesdits curé, vicaire et marguillers en chacune
« d'icelles paroisses, l'aumône raisonnable ; sans qu'il
« soit permis à eux ou à leurs enfants aller quester ne
« mendier parmy ladite ville de Paris, souz peine du
« fouet pour les grans et des verges pour les petits
« enfans. »

L'application de cet édit produisit de bons effets, mais les ressources étaient insuffisantes ; aussi Henri II décida-t-il, dans une Déclaration du 13 février 1551 (1), la nomination de délégués assermentés devant le Parlement qui *iront* dans les paroisses demander à chaque habitant ce qu'il veut donner pour les pauvres, par semaine, et si le chiffre est insuffisant, le Parlement en fixera un autre lui-même, « eu égard aux offres et facultés du manant ».

Mais cette taxe arbitrairement imposée a dû être fort mal accueillie, car, dans une Déclaration du 18 avril 1558 (2), il fait revivre tous les Edits de ses prédécesseurs et édicte des peines contre les vagabonds et gens sans aveu.

Dans un mandement royal du 27 août 1612, Louis XIII rend hommage à François Ier et à Henri II. Il reprend

(1) Isambert, t. XIII, p. 262.
(2) Isambert, t. XIII, p. 509.

la distinction entre valides et malades et crée, sous la dénomination *d'hôpitaux enfermés*, des établissements dans lesquels le travail était forcé. Ceux qui ne remplissaient pas leur tâche étaient châtiés à la discrétion du Gouverneur.

Malgré cette mesure, les Etats Généraux de 1614 se plaignirent de la recrudescence du vagabondage. Alors survint l'Ordonnance de janvier 1629 (code Michau) (1), aux termes de laquelle Louis XIII enjoignit à tous les mendiants de France de regagner leur lieu de naissance, et la Déclaration de 1612 fut appliqué à tout le royaume.

Néanmoins, malgré ces mesures, Louis XIII est contraint de rendre, le 31 mars 1635, une nouvelle Ordonnance (2) par laquelle il exige des vagabonds qu'ils prennent service, dans les vingt-quatre heures, sinon ils devront quitter Paris à peine de chaînes et galères pour les hommes, et de bannissement pour les femmes.

A l'avènement de Louis XIV, tous ces remèdes paraissaient impuissants. Inspiré par M. de Bellieire, Premier Président au Parlement de Paris, et aussi par les idées généreuses consignées dans les *Instructions au Dauphin* (3), le Grand Roi ordonnait, par un édit du

(1) Isambert, t. XVI, p. 235.

(2) Isambert, t. XVI, p. 424.

(3) Instructions au Dauphin : « Je tacherai de faire en sorte non pas à « la vérité qu'il n'y ait plus dans le royaume ni riche ni pauvre (car la « fortune, l'industrie et l'esprit laisseront éternellement cette distinction « entre les hommes), mais au moins qu'il n'y ait plus ni indigents ni men- « dicité, je veux dire une personne quelque misérable qu'elle puisse être « qui ne soit assurée de la subsistance ou par son travail ou par un secours « ordinaire et réglé. » Disc. Bonnet, *loc. cit.*

7 mai 1656, « l'établissement de l'Hôpital général pour
« le renfermement des pauvres mendiants et vagabonds
« de la ville et faubourgs de Paris (1) ». En 1662, un
autre édit étend à toute la France le principe de cette
institution, et en 1669 il est enjoint de nouveau à tous
les mendiants de se retirer au lieu de leur naissance.

Malgré ces louables mesures, le mal persistant toujours rendit nécessaire l'affectation, dans tout le royaume,
des peines portées en 1547 contre les mendiants et
vagabonds de Paris : ce fut l'objet des Déclarations du
13 avril 1685, 28 janvier et 29 avril 1687. Mais la
répression devenait difficile, en raison même des
malheurs du temps, aussi dans une Déclaration du
25 juillet 1700 (2), « contenant règlement sur les mendiants et vagabonds », Louis XIV, tout en renouvelant
ses injonctions sévères, émet un article dicté par
la bienfaisance : « Pour exciter, dans la suite, ceux qui
« auront quitté la vie fainéante à s'occuper des travaux
« de la campagne et à y prendre des établissements solides
« et permanents, leur permettons de faire valoir,
« pendant cinq ans, des héritages jusqu'à trente livres
« de revenu sans payer aucune taille ; exhortons les
« laboureurs et autres gens de campagne de leur prêter
« les semences dont ils pourraient avoir besoin pour
« ensemencer les dites terres, à la récolte desquelles ils

(1) Isambert, t. XVII, p. 326.
(2) Isambert, t. XX, p. 366.

« auront un privilège spécial jusqu'à concurrence de
« leurs avances. »

Les Déclarations et Ordonnances du 27 août 1701 et
du 6 août 1709 renouvellent les prescriptions précédentes.

Sous la régence du duc d'Orléans, le gouvernement
imagina un système nouveau. Aux termes de la Déclaration du 7 janvier 1719, un certain nombre de vagabonds devaient être transportés aux colonies où ils
devaient travailler comme engagés, soit à terme, soit à
perpétuité, sans que cette peine emportât la mort civile;
mais cette mesure ayant donné lieu à des abus criants et
amené des séditions populaires, le parlement s'opposa à
la transportation, qui ne fut point exécutée. Alors on
voulut distribuer les mendiants et vagabonds par compa-
gnie de vingt hommes et les employer aux travaux des
ponts et chaussées et des routes. Mais cette tentative
échoua de nouveau en raison du danger que ces mauvais
ouvriers offraient pour la sécurité des voyageurs (1).

Survint, en 1720, la peste qui désola la Provence et
jeta le trouble dans tout le royaume, et qui, jointe à la
cherté des grains, à cette époque, fut une cause d'augmentation du nombre des vagabonds. Cette situation
amena la Déclaration du 18 juillet 1724 (2) qui contient
des principes louables, empreints d'une prévoyance

(1) Rapport de La Rochefoucauld-Liancourt à l'Assemblée Constituante
au nom de la Commission de la mendicité.
(2) Isambert, t. XXI, p. 271.

éclairée et sage, dont l'application est encore souhai-
table de nos jours. « En proposant une subsistance et
« un travail assuré à ceux des mendiants valides qui n'en
« auront pu trouver, nous leur ôtons toute excuse de
« désobéir à la loi et nous sommes, par là, en état
« d'établir des peines plus sévères puisqu'ils sont
« entièrement les maîtres de les éviter. Nous avons
« même jugé de mettre différents degrés à ces peines,
« en les prononçant plus légè  s pour la première con-
« travention, plus sévères pour la deuxième, et en ne
« faisant porter toute la rigueur de la loi que contre la
« troisième contravention qui ne peut mériter ni excuse
« ni compassion. ............... ........... .....................

« Nous espérons, par ces justes mesures et par la
« fermeté que nous apporterons à l'exécution de la pré-
« sente Déclaration, de faire cesser enfin un si grand
« désordre, de distinguer le véritable pauvre qui mérite
« tout secours et compassion, d'avec celui qui se couvre
« faussement de son nom pour lui voler sa subsistance
« et de rendre utiles à l'Etat un grand nombre de citoyens
« qui lui avaient été à charge jusqu'à présent. »

Faisant application de ces principes, la Déclaration
enjoignait à tout mendiant et vagabond valide de prendre
un emploi dans les quinze jours et de se présenter aux
hôpitaux pour travailler à des ouvrages publics, à peine
de bannissement. Les enfants de quinze ans et les vieillards devaient se présenter aux hôpitaux ou se retirer
dans leur pays d'origine.

Cette déclaration fut confirmée par deux autres du 20 octobre 1750 et du 17 août 1764 « concernant les vagabonds et gens sans aveu (1) », substituant la peine des galères au bannissement. De plus, cette dernière ordonnance, dans son article 2, décidait que : « étaient réputés vagabonds ou gens sans aveu ceux qui, « depuis six mois révolus, n'avaient exercé ni profession « ni métier et qui n'ayant aucun état ni aucun bien pour « subsister, ne pouvaient être avoués ou faire certifier « de leurs bonnes vie et mœurs par personnes dignes de « foi ». Enfin l'article 3 punissait le vagabondage des hommes valides de seize ans et au-dessus jusqu'à soixante-dix ans commencés, de trois années de galères, et ceux de soixante-dix ans et au-dessus, ainsi que les infirmes, les filles ou les femmes, à être enfermés pendant le temps de trois années dans l'hôpital le plus prochain.

Quant aux enfants de moins de seize ans, ils étaient envoyés dans les hôpitaux pour y être instruits, élevés et nourris. En cas de récidive la peine des galères ou la détention à perpétuité était prononcée, suivant la même distinction.

Enfin l'arrêt du conseil du 21 septembre 1767, joint à cette ordonnance, créait les dépôts de mendicité. Chaque généralité du royaume devait en posséder un. On en comptait 18 en 1778 ; 21 en 1781 ; 27 en 1786 et

(1) Isambert, t. XXII, p. 404.

30 en 1792. Six à sept mille mendiants y étaient réunis.
Leur libération dépendait de leur conduite et de leur
travail.

Sous Louis XVI, l'ordonnance du 13 juillet 1777 punissait les mendiants et les vagabonds valides, des
galères. Mais bientôt après on substitua le travail obligé
aux peines corporelles et on augmenta alors le nombre
des maisons de mendicité contenant des maisons de
travail.

Telle est l'œuvre de la législation de l'ancien droit en
matière de vagabondage. La Rochefoucauld-Liancourt,
dans son rapport à l'Assemblée Constituante, au nom
du Comité de mendicité, l'apprécie en ces termes :
« En résumant cette longue suite de lois on s'aperçoit
« qu'elles étaient principalement dirigées contre les men-
« diants que la misère force à être vagabonds. L'admi-
« nistration, presque toujours dans l'impuissance d'offrir
« du travail au peuple, n'avait d'autre ressource que d'en-
« tasser dans les hôpitaux une mendicité factice et impor-
« tune, ou d'armer la loi de rigueurs pour renfermer tous
« ceux qui fatiguaient la Société. On feignait d'ignorer
« que les secours donnés par les hôpitaux étaient insuf-
« fisants et que les dépôts étaient à peu près inutiles.
« D'ailleurs ces espèces de prisons manquaient souvent
« d'ateliers ; alors la fainéantise y était obligée ; elle
« n'était pas beaucoup plus détruite dans les dépôts où
« il y avait quelque moyen de travail, car souvent celui
« qui était offert aux renfermés n'était analogue ni à

« leur force ni à leur genre de vie ; quelquefois même il
« y était contraire et rarement il était assez pénible
« pour devenir un châtiment. Enfin un des plus grands
« inconvénients de tous était qu'en sortant de ces dé-
« pôts, un individu était rejeté dans la société sans res-
« sources et peut-être moins bon qu'il n'y était entré.
« Il régnait, en général, dans ces maisons, un grand
« oubli, un défaut absolu de l'instruction morale si
« nécessaire aux pauvres, et l'arbitraire dans ce terme de
« la détention achevait de révolter contre les lois des
« hommes auxquels il importait si fort de les connaître
« et de les respecter. Ainsi, dans les rigueurs comme
« dans la bienfaisance envers les pauvres, tout était
« resté également imparfait et défectueux dans les soins
« du gouvernement (1). »

C'est là surtout une critique des dépôts de mendicité.
Mais le ton en est particulièrement rigoureux pour l'œuvre de l'ancien droit. Il est certain que toutes les mesures législatives prises par les anciennes monarchies ont
échoué par ce fait encore que la répression était trop
sévère et que l'assistance n'y était pas réunie à la répression. Nous verrons plus loin si un reproche à peu près
semblable ne peut pas être adressé encore à notre législation actuelle. Toutefois il nous paraît injuste de
n'adresser que des critiques à la législation de l'ancien
droit, en matière de vagabondage. On y rencontre par-

_______

(1) DALLOZ, *Rép.*, V° Vagabondage, n° 16.

fois des idées généreuses et des principes suffisamment solides pour les faire persister jusqu'à notre époque et servir d'exemple précieux au législateur moderne.

## CHAPITRE III

### Droit intermédiaire

Le sort des malheureux était bien fait pour préoccuper les grands hommes de la Révolution française. Aussi, à l'Assemblée Constituante, la question du vagabondage et de la mendicité fut une des premières inscrites à l'ordre du jour. Un comité fut constitué pour l'extinction de la mendicité et du vagabondage. Naturellement, dès le début, la discussion prit l'ampleur qu'elle méritait : nous en retrouverons la physionomie très exacte dans les sept rapports qui furent déposés au nom du Comité. Un des rapporteurs, La Rochefoucauld-Liancourt, formulait ainsi les règles à établir en pareille matière : « Si les moyens de prévenir l'indigence, de « soulager la pauvreté, de réprimer la mendicité ne « sont pas la conséquence du même principe ; si la bien-« faisance et la sévérité de la législation des pauvres « ne s'élèvent pas sur les bases de la politique et de la « justice, cette législation ne peut être qu'imparfaite et « dangereuse (1). »

(1) Dalloz, *Rép.*, V° Vagabondage, n° 16.

Mus par des sentiments de générosité, les rédacteurs de la Constitution de 1791 proclamaient que l'assistance du pauvre est une charge nationale. Ce principe était gros de conséquences et l'organisation de l'assistance publique rendue nécessaire par leur application entraîna de grosses charges pour l'Etat (1).

L'Assemblée Constituante ne prit, au début, que des mesures provisoires et notamment décida, dans l'article 2 de la section 3 du décret du 27 décembre 1789, que la police des mendiants et des vagabonds serait confiée aux administrations départementales. Plus tard, le décret des 16-26 mars 1790 portant suppression des prisons illégales, déclare (art. 2) ne point s'occuper des mendiants et vagabonds détenus en vertu des règlements existants.

Toutefois, la grande affluence dans la capitale de mendiants et vagabonds rendit nécessaires des mesures nouvelles. Par le décret du 30 mai 1790, il était ordonné à tout vagabond étranger de sortir du royaume et à tout vagabond français, non domicilié, de retourner dans sa commune d'origine. Enfin des ateliers de charité étaient fondés à Paris. Un décret du 10 décembre de la même année accordait une somme de quinze millions pour la même fondation dans les départements.

(1) La Convention prononça la confiscation des biens des hôpitaux et des institutions charitables, et le prix provenant de la vente de ces biens dut être versé au trésor, obligé de fournir annuellement les fonds nécessaires à l'assistance.

Malgré ces différentes dispositions, une loi de répression contre la mendicité et le vagabondage s'imposait plus que jamais. Le système préconisé par le rapporteur du Comité de mendicité fut adopté par les lois des 19 mars, 28 juin 1793 et du 24 vendémiaire an II. Ce système établissait le renvoi des vagabonds dans des maisons de répression où le travail devait être obligatoire pendant la détention, qui serait de courte durée la première fois. Des peines plus graves étaient prononcées s'il y avait récidive.

Des trois lois que nous venons de citer, celle du 24 vendémiaire an II est la plus importante : elle a organisé des travaux de secours et un système très complet de répression pendant la création de maisons destinées à remplacer les dépôts de mendicité. En outre, cette loi contenait une innovation spéciale : la peine de la transportation (art. 1, t. IV) était prononcée contre qui, « arrêté une première fois et mis dans la maison de répression pour causes aggravantes, était repris une seconde fois. » L'article 8 de la même loi fixait à huit années le minimum de la peine de la transportation. Le décret du 2 brumaire an II désigna l'île de Madagascar comme lieu de déportation. Enfin, dans son titre V, la loi de vendémiaire établissait la demande de secours.

Malheureusement cette loi, dont certaines dispositions étaient fort heureuses, demeura sans exécution : il n'y eut ni colonie à Madagascar, ni maisons de répression dans les départements

Après elle, la répression du vagabondage étant de plus en plus urgente, la loi du 10 vendémiaire an IV porta dans son titre 3, art. 6 et 7, que tout individu voyageant et trouvé hors de son canton, sans passeport, serait mis sur le champ en état d'arrestation et détenu jusqu'à ce qu'il ait justifié de son inscription sur le tableau de la commune de son domicile et qu'à défaut de justifier dans deux décades de cette inscription, il serait réputé vagabond sans aveu et traduit comme tel devant les tribunaux compétents. La loi du 2 germinal an IV rappela aux administrations locales qu'elles étaient tenues, sous leur responsabilité, de surveiller les vagabonds et de les faire arrêter. La loi du 7 frimaire an V prononçait une détention de trois mois contre tout vagabond valide qui ne voudrait pas retourner dans sa commune d'origine. Enfin la gendarmerie était chargée de la surveillance des vagabonds par la loi du 28 germinal an VI.

La loi du 10 pluviôse an IX compléta ces dispositions en créant une juridiction spéciale chargée de juger les vagabonds établis dans chaque département. Elle se composait du président et de deux juges du tribunal criminel, de deux officiers ayant au moins le grade de capitaine et de deux citoyens ayant les qualités requises pour être juges.

Telle est la législation de l'époque intermédiaire (1).

(1) Sous le Directoire, elle commençait à ne plus être appliquée.

D'une façon générale elle est inspirée par les idées les plus généreuses et les plus nobles. Nous sommes tentés d'ajouter qu'elle s'est trop inspirée de ces belles idées. S'il était juste d'inscrire dans nos lois le droit à l'assistance pour ceux qui sont momentanément privés de travail, il n'était pas moins logique et indispensable d'établir nettement un système solide de répression sociale contre les paresseux invétérés, parasites dangereux d'une société renouvelée. Au lieu de cela, la Convention songea simplement à prévenir le mal. Elle reconnut trop tardivement son erreur et chercha à la réparer par des pénalités trop rigoureuses et établies trop hâtivement.

Cette législation était humanitaire, mais elle aurait dû être aussi prudente que généreuse.

## CHAPiTRE IV

### Législation actuelle

Avant d'aborder la législation actuelle, il nous paraît utile de résumer les documents de la jurisprudence antérieure à l'application du Code pénal de 18l0. « En « effet, ces documents jettent une utile lumière sur la « solution des questions diverses nées en l'application du « Code pénal et analogues à celles qui ont été jugées « pendant la période intermédiaire » (1).

(1) DALLOZ, *Rép.* V° Vagabondage, n° 42.

Sous l'empire des lois du 24 vendémiaire an II et 10 vendémaire an IV, l'absence de passeport pouvait être une présomption de vagabondage, surtout lorsqu'un individu sans passeport avait commis certains délits (1).

Cependant, sous l'empire de ces mêmes lois, un individu n'était réputé vagabond que lorsque, arrêté sans passeport, hors de son canton, il n'avait pas, dans le délai de vingt jours, justifié de son inscription sur le tableau d'une commune (2).

Enfin nous ajouterons que la législation antérieure au Code pénal de 1810 a établi une distinction entre mendiants et vagabonds (loi du 24 vendémiaire an II, 10 vendémiaire an IV et 18 pluviôse an IX).

Notre législation actuelle sur le vagabondage repose essentiellement sur deux textes : l'article 5 du décret du 5 juillet 1808 (3) et la loi des 16-26 février 1810, qui a pris place dans le Code pénal sous les articles 269 à 282.

Ces nouvelles dispositions faisaient disparaître celles de l'époque intermédiaire : un emprisonnement de trois à six mois était substitué aux pénalités anciennes. Il en résultait donc, dans la répression, une sensible atténuation qui semblait s'expliquer par la diminution du nombre des vagabonds résultant de la présence aux armées

(1) Crim.-Cassat., 6 floréal an VI. DALLOZ, *Rép.*, Vᵉ Vagab., n° 43.

(2) Crim.-Cassat., 27 prairial an IX. DALLOZ, *id.*, n° 44.

(3) C'est le même décret qui ordonnait la création d'un dépôt de mendicité dans chaque département.

de tous les hommes jeunes et valides, et de la poursuite
sévère exercée contre les réfractaires par l'autorité
militaire.

Toutefois, en décidant cette atténuation, le législateur
avait voulu prévenir les récidives : en effet, après avoir
subi l'emprisonnement qui lui était infligé, le condamné
n'était pas libéré ; il était mis à la disposition du gouvernement pendant un temps dont la durée n'était pas
limitée. L'autorité administrative s'emparait de lui, elle
pouvait le maintenir en prison, elle pouvait le placer
dans un dépôt de mendicité, elle pouvait aussi, s'il
offrait des garanties sérieuses, le mettre en liberté.
L'exposé des motifs joint au projet de la loi avait soin
d'expliquer et de justifier pleinement cette mesure :
« Le projet de loi, disait dans la séance du 6 février
« 1810 le rapporteur au Corps législatif, M. Berlier (1),
« définit le vagabondage, il l'érige en délit et lui inflige
« une peine correctionnelle ; toutefois il ne s'arrête
« point là. Que serait-ce en effet qu'un emprisonnement
« de quelques mois si le vagabond était ensuite pure-
« ment et simplement replacé dans la société à laquelle
« il n'offrirait aucune garantie ? Celui qui n'a ni demeure
« ni moyen de subsistance ou profession, ni métier,
« n'est point en effet membre de la cité ; elle peut le
« rejeter et le laisser à la disposition du gouvernement
« qui pourra, dans sa prudence, ou l'admettre à caution,

(1) Dalloz, *Rép.*, V° Vagabondage, section I. Lois, p. 12.

« si un citoyen honnête et solvable veut bien répondre,
« ou le placer dans une maison de travail jusqu'à ce
« qu'il ait appris à subvenir à ses besoins, ou enfin, le
« détenir comme un être nuisible et dangereux s'il n'y
« a nul amendement à en espérer ».

Déjà il avait été demandé à la séance du Conseil d'Etat du 19 août 1809 que les vagabonds ne soient pas conduits dans les prisons, où ils conserveraient leurs habitudes d'oisiveté, mais plutôt dans des maisons où ils seraient obligés de travailler, et il avait été répondu qu'on organiserait des travaux pour eux.

Le nouveau système répressif établi par le Code pénal de 1810 reposait sur une distinction entre mendiants et vagabonds, traitant les seconds avec plus de sévérité. Les causes de cette différence sont faciles à comprendre quand on se rappelle qu'on était, à cette époque, au lendemain des excès commis dans certaines provinces par les chauffeurs (1), et qu'un pouvoir despotique redoutait d'instinct ces inconnus vagabonds parmi lesquels pouvaient circuler des conspirateurs, émissaires de sociétés secrètes.

Différentes modifications ont été apportées aux dispositions du Code pénal de 1810.

En 1832, la Chambre de Pairs supprima la mise à la disposition du gouvernement, considérant cette mesure comme arbitraire. Elle la remplaça par le renvoi sous

---

(1) Voir Rocquain, *Etat de la France au 18 Brumaire.*

la surveillance de la haute police, repoussant un amendement de M. Charles Leconte qui proposait seulement de limiter le temps pendant lequel le vagabond resterait à la dispostion du gouvernement.

Cependant ce ne fut là qu'une mesure ineificace et illusoire : elle laissa s'agrandir la plaie du vagabondage, puisque son but n'était pas d'améliorer le vagabond mais seulement de le surveiller.

Une autre modification a été introduite par la loi du 13 mai 1863 à l'égard des violences exercées par les vagabonds. Le législateur de 1810 en faisait un crime, la loi de 1863 a classé cette infraction parmi les délits.

La loi du 27 mai 1885 a apporté une dernière modification en classant dans son article 4, parmi les vagabonds et gens sans aveu, tous individus qui, domiciliés ou non, tirent habituellement leur subsistance du fait de pratiquer ou de faciliter sur la voie publique l'exercice de jeux illicites ou la prostitution d'autrui, et en édictant, contre cette catégorie de déliquants, dans certains cas de récidive, la peine de la relégation. De plus, cette loi a remplacé la peine accessoire de la surveillance de la haute police par l'interdiction de séjour.

Nous verrons plus loin quelle a été l'efficacité de la loi de 1885 au point de vue qui nous occupe. Pour l'instant, nous nous contenterons de faire remarquer que cette dernière disposition est très rarement appliquée et qu'elle ne pare à rien de ce qui concerne l'extension du vagabondage. En effet elle n'est destinée qu'à éloigner certains individus d'un petit nombre de grandes villes et de centres ouvriers. Cette prohibition est souvent violée, et lorsqu'elle est respectée, elle rejette sur la campagne, où ils sont tout aussi redoutables, les individus qu'elle vise.

Tels sont les textes qui répriment le vagabondage.

Il nous reste donc, maintenant, à pénétrer plus avant dans les détails de la législation et à examiner notamment quels en sont les caractères.

Les éléments constitutifs du délit de vagabondage sont au nombre de trois :

1° Défaut de domicile certain ;

2° Défaut de moyens de subsistance ;

3° Défaut de profession habituellement exercée.

Ce sont là trois conditions essentielles et indispensables : « Le délit de vagabondage, dit M. Blanche, n'est constitué que par la réunion de ces trois conditions » (1).

Que faut-il entendre par domicile certain ?

Les auteurs sont en général d'accord avec la jurisprudence pour admettre que le législateur a désigné ainsi le domicile d'habitation actuelle, effective. Cette opinion paraît basée sur la décision des anciens jurisconsultes. Julius Clarus définit, en effet, le vagabond : *ille qui non certum habet domicilium in quo habitet*, et il ajoute :

(1) BLANCHE, *Etude prat. sur le C. P.*, t. IV, n° 304. — Conf. CHAUVEAU et HÉLIE, *Théorie du Code pénal*, t. III, n° 1102, — et GARAUD, *loc. cit.*, t. IV.

*dixi in quo habitet, nam in hoc proposito non consi-
deratur an habeat certum domicilium, habitationis
vel ne, qui (ea non attenta) dummodo non habeat
certum domicilium habitationis, potest ubicumque con-
veniri et puniri (Quæst., 39, § 7).*

Cette interprétation amène à conclure que la prévention de vagabondage peut alors être admise contre un
inculpé qui a conservé son domicile d'origine ou qui a
un domicile légal sans avoir une habitation actuelle et
effective (1).

En ce qui concerne le deuxième élément du délit de
vagabondage : le défaut de moyens de subsistance,
c'est-à-dire des ressources suffisantes, soit en capital,
soit en revenu, les tribunaux sont souverains apprécia-
teurs. Mais cependant il convient ici de tenir compte
des circonstances de fait qui entourent la prévention.
À ce sujet, l'article 278 est venu justement compléter
l'article 271 en décidant que l'individu présumé vagabond et porteur d'un ou plusieurs effets supérieurs à
cent francs, dont il ne peut justifier l'origine, non-seulement sera supposé sans moyens de subsistance, mais
encore placé sous une sorte de présomption légale de vol.

Enfin le défaut de profession est le troisième élément
constitutif du délit de vagabondage. Par profession, le

<hr>

(1) Cassat., 7 sept. 1855 (S. 1855-1-858). — Poitiers, 6 juillet 1875
(S. 1876-2-81). — Caen, 30 nov. 1875 (S. 1876-2-82). — Montpellier,
25 juillet 1885 (S. 1885-2-177). — Bourges, 22 février 1889 (D. 1890-2-13).
— GARRAUD, *loc. cit.*, t. IV, n° 104. — CHAUVEAU et HÉLIE, *loc. cit.*,
t. III, n° 1097. — BLANCHE, *loc. cit.*, t. IV, n° 304.

législateur entend : métier exercé habituellement et régulièrement, procurant des ressources suffisantes pour assurer l'existence.

Certains auteurs (1) ont soutenu qu'en dehors de l'article 278 du Code pénal et de l'article 4 de la loi du 27 mai 1885, le juge n'a pas à se préoccuper de la nature des ressources du prévenu de vagabondage et du métier d'où elles proviennent. La jurisprudence s'est prononcée en sens contraire (2).

Nous avons dit que la réunion des trois éléments indiqués par la loi était essentielle pour qu'il y ait délit de vagabondage. Cependant son existence matérielle ne suffit pas à elle seule pour constituer l'infraction : il faut établir la culpabilité, c'est-à-dire « prouver la faute de « l'individu dans l'*adoption volontaire* d'un genre de vie « socialement dangereux (3) ».

La jurisprudence et les auteurs sont également d'accord sur ce point (4).

Une disposition spéciale existe dans la loi à l'égard des mineurs de seize ans ayant agi sans discernement (5) : L'article 271, § 2, édicte contre eux la peine de la sur-

---

(1) GARRAUD, *loc. cit.*, n° 105, et PASCAUD, « Des moyens de subsistance dont le défaut forme un des éléments constitutifs du délit de vagabondage. » (*Gazette des Tribunaux*, n° 19, février 1890.)

(2) Chambéry, 7 décembre 1888. D. P. 90-2-13.

(3) GARRAUD, *loc. cit.*, n° 107.

(4) CHAUVEAU et HÉLIE, n° 1100, 1101. Trib. Chambéry, 5 février 1886. *Journal des Parquets*, 1886, t. I, p. 189.

(5) Les mineurs de seize ans ayant agi sans discernement sont renvoyés dans une maison de correction ou remis à leurs parents (art. 66-69 C. P.)

veillance de la haute police remplacée en 1885 par l'interdiction de séjour.

Quant aux pénalités édictées contre le vagabond, elles sont uniformes. L'article 271 prononce contre eux une peine de trois à six mois d'emprisonnement, à laquelle peut être jointe accessoirement celle de l'interdiction de séjour.

Dans certains cas, cependant, des peines spéciales interviennent : c'est ainsi qu'est puni d'un emprisonnement de deux à cinq ans le vagabond travesti d'une manière quelconque, porteur d'armes, ou muni de limes, crochets ou autres instruments propres soit à commettre des vols ou autres délits, soit à lui procurer les moyens de pénétrer dans les maisons ; et le vagabond qui a exercé ou tenté d'exercer des violences envers les personnes encourt même la peine de la réclusion, s'il est porteur d'armes ou des instruments déterminés plus haut (art. 277-278). Contre le vagabond porteur de faux certificats, le maximum de la peine peut être prononcé (art. 281).

Enfin mentionnons deux dispositions dernières : l'étranger vagabond et condamné comme tel est reconduit à la frontière à l'expiration de sa peine (art. 272). Le vagabond né en France peut, après jugement, s'il est réclamé par le Conseil municipal de sa commune ou cautionné par un citoyen solvable, être renvoyé dans cette commune (1).

---

(1) L'origine immédiate de cette disposition se trouve dans l'article 3 du titre 3 de la loi du 24 vendémiaire de l'an II.

Nous avons ainsi terminé la partie historique de notre travail. Ce rapide examen nous a permis de voir quelle a été la marche de la législation du vagabondage. Nous avons pu constater aussi avec quelle régularité se sont reproduites les mêmes mesures de répression ou d'assistance, et combien elles ont été peu efficaces.

L'étude des législations étrangères va nous faciliter à son tour la découverte des causes de cette impuissance et nous indiquer d'utiles remèdes à un mal aussi dangereux.

# DEUXIÈME PARTIE

———

# LÉGISLATIONS ÉTRANGÈRES

———

## CHAPITRE I<sup>er</sup>

### Allemagne

En matière de vagabondage, la législation Allemande, uniforme pour tous les États de l'Empire, a nettement posé le principe de l'assistance obligatoire tempérée par une répression sévère. Le principe existait déjà dans le Code pénal prussien de 1851. On ne rencontre pas dans la loi de définition du vagabondage. La jurisprudence considère comme vagabond l'homme qui erre habituellement sans but, sans occupation et sans travail, sans avoir de moyens d'existence et sans chercher à s'en procurer.

Le vagabondage est classé parmi les contraventions

et, dans son article 361, § 3 et 8, le Code pénal punit de la peine de l'arrêt ou haft (1) ceux qui, ayant perdu leurs moyens d'existence, ne pourront justifier avoir fait les démarches nécessaires pour s'en procurer d'autres dans le délai qui leur a été imparti par la police.

L'article 362 ajoute que ces individus peuvent être condamnés subsidiairement à être remis, à leur sortie de prison, à la police qui aura le droit de les enfermer dans une maison de travail forcé pour deux ans au plus, ou de les employer à des travaux d'intérêt général (2).

C'est le tribunal de Bailliage ou Amtsgericht (3) qui est compétent en pareille matière. Si l'inculpé avoue le fait qui lui est reproché, ce magistrat prononce seul; s'il y a au contraire contestation, il est assisté de deux échevins ou schaffer, sorte de jurés désignés par une commission de neuf membres que préside un fonctionnaire du Ministère de la justice, et cette juridiction prend le nom de Schaffengéricht. Cependant, l'Amtsgericht et le Schaffengéricht peuvent l'un et l'autre appliquer l'art. 362 contre l'individu convaincu d'arbeitsschen ou horreur du travail.

(1) Le haft consiste dans la simple privation de la liberté pendant un temps d'un jour à six semaines.

(2) Cette peine accessoire est toujours applicable au vagabond, mais le mendiant n'en est passible qu'à la troisième condamnation intervenant dans un délai de trois ans ou dans le cas de mendicité avec armes ou menaces.

(3) Le tribunal est présidé par l'amtsrichter dont les fonctions sont équivalentes à celles de nos juges de paix.

L'exercice du droit conféré par cet article 362 : l'internement dans les maisons de travail, appartient à des autorités différentes, suivant les provinces. En Prusse, c'est le président de régence qui prend la décision et fixe lui-même la durée du séjour dans la maison de travail. Dans plusieurs provinces et notamment en Saxe, Wurtemberg et Brunswick, des ordonnances ministérielles sont intervenues pour réglementer l'exercice de ce droit, mais sans fixer de principes relativement à la durée de l'internement. En Saxe, la législation contient une innovation à ce point de vue ; la police ne fixe pas de durée de détention en envoyant un vagabond dans une maison de travail. Le directeur a toute latitude pour libérer un détenu quand il le juge convenable. S'il le renvoie avant l'expiration des deux ans (durée maxima), le directeur conserve son autorité disciplinaire sur le libéré pendant tout le temps que celui-ci aurait eu encore à accomplir, et, en cas de mauvaise conduite, il peut le faire rentrer en prison. De plus, le libéré ne touche pas son pécule qui est envoyé à la police du lieu où il s'est fixé, pour être remis par acomptes, au fur et à mesure des besoins constatés (1).

Le nombre des maisons de travail forcé est de 51 dont 28 pour le royaume de Prusse. Le régime y est sévère ; le travail obligatoire est quelquefois agricole et le plus souvent industriel.

_______________

(1) Rapport de M le baron Witzuigerode Knorr au Congrès d'assistance et de bienfaisance de 1884, p. 27.

En résumé, l'application des mesures répressives est confiée, en Allemagne, à l'action combinée de la justice et de l'administration.

L'initiative privée a complété l'œuvre de la législation pénale et, en matière d'assistance, elle a seule une action prépondérante. L'Assistance publique elle-même n'intervient pas (1).

L'Allemagne possède trois créations portant secours aux ouvriers malheureux, « créations qui présentent un « tout, de telle sorte que l'une est le complément des « deux autres » (2).

1° L'Auberge hospitalière ou der Herberge zù Hemiatlz, où la nourriture et le gîte ne sont donnés que pendant un séjour de courte durée et moyennant un prix réduit.

2° La Station, ouverte à l'ouvrier qui voyage. Celui-ci obtient des secours à la condition de fournir un travail équivalent à la dépense faite par lui.

Ces deux fondations ont pour but d'aider l'ouvrier accidentellement sans travail et qui en cherche.

3° La Colonie ouvrière, der Arbeiter Kolonie, destinée

---

(1) L'assistance publique est réglementée par le Code général prussien (2° partie, titre XIX), les lois du 6 juin 1870 et 8 mars 1871.

(2) Rapport présenté par M. G. Berry devant le Conseil municipal de Paris au nom de la commission d'organisation de la colonie de la Chalmelle sur l'assistance donnée en Allemagne aux ouvriers sans travail (15 janvier 1892).

à recevoir le vagabond et à tenter de le relever moralement et matériellement (1).

La première auberge hospitalière date de 1849. Elle a été créée à Berlin. Puis, peu à peu, il s'en créa dans l'Allemagne du Nord et enfin dans tout le pays. C'est ainsi qu'au 31 décembre 1893, il existait en Allemagne 426 auberges hospitalières contenant 15,462 lits ; — 1,528,563 personnes y avaient passé dans le courant de l'année 2,686,914 nuits (2).

Un comité central, présidé au début par M. le pasteur de Bodelschwingh, est chargé de l'organisation de ces auberges hospitalières. Ainsi que nous l'avons indiqué plus haut, l'auberge hospitalière donne asile à ceux qui ne font que passer, se dirigeant vers un point du pays où ils savent qu'ils seront employés. Le pensionnaire de l'auberge y vit pour 75 pfennings par jour, soit à peu près 0 fr. 90 centimes.

Ainsi comprise, cette organisation ne pouvait profiter à cette nombreuse catégorie d'individus errant sans ressources, dans les villes et à travers les campagnes. C'est alors que l'auberge hospitalière subit une transformation heureuse et qu'on créa à côté d'elle ce qu'on appelle la Station de secours en nature ou Naturaloerplegungstationem.

---

(1) De 1887 à 1889, le chiffre des colons non condamnés a été de 23,1 °/₀ et celui des condamnés de 76,9 °/₀.

(2) Rapport présenté par M. Louis Rivière au Vᵉ Congrès pénitentiaire international, 1895.

Les premières tentatives avaient été faites à Stuttgard ; on les généralisa au Congrès de Caunstadt du 24 novembre 1880 dans tout le Wurtemberg et le royaume de Saxe, et enfin dans l'Allemagne entière.

En 1890, on comptait 1,957 stations (1). Seuls, le Mecklembourg - Schwerin, le sud-ouest de l'Alsace-Lorraine et la partie septentrionale du grand-duché de Bade n'en possèdent pas.

Aujourd'hui l'organisation de ces stations est complète. La direction est entre les mains d'un comité central constitué à Cassel, le 12 janvier 1892, sous la présidence de M. le comte d'Eulenberg, alors Ministre de l'Intérieur en Prusse, et grâce au concours du comité des colonies ouvrières, les principes suivants furent posés pour le fonctionnement de cette œuvre :

1° Les stations de secours sont un moyen de lutter contre la mendicité et le vagabondage et non une œuvre de relèvement ;

2° Elles sont destinées aux gens valides dénués de ressources et non aux malades et vieillards dont le soin incombe à l'assistance publique ;

3° Les stations de secours doivent être réparties suivant un plan uniforme, à une distance moyenne de quinze kilomètres et soumises au même régime ;

4° La nourriture doit être suffisante pour soutenir

---

(1) Rapport de M. le Conseiller supérieur du Gouvernement de Manem, président du Comité central (1891). (Rapport cité F. Rivière.)

les forces d'un travailleur, tout superflu étant rigoureusement proscrit. Le travail doit être imposé en repré-
sentation du secours reçu. Une discipline exacte doit
être maintenue et tout insubordonné remis à la police.

5° Il est désirable qu'un bureau de placement auxiliaire fournisse des indications sur le travail offert dans
la localité.

6° La direction doit être morale et chrétienne. Le
repos dominical est rigoureusement observé (1).

Les stations sont généralement subventionnées, soit
par les cercles, soit par les communes, soit par les
sociétés privées qui les ont créées. La direction se
compose de trois employés : 1° un préposé municipal
(anweisungsbeamte) qui accorde l'entrée après renseignements pris et pièces produites ; — 2° un intendant
(stationsvorstcher) qui est le représentant de l'association
et tient le livre et la caisse ; — 3° un directeur (stations-
halter) qui est chargé de la nourriture, du travail et de
la discipline.

Dans ces stations est accueilli tout homme valide
disposé à travailler et ne possèdant pas sur lui une
somme de trois marks. Il doit travailler jusqu'à midi,
pour représenter la dépense causée par sa nourriture et
son coucher (2). L'après-midi doit être employée à conti-
nuer la route. L'homme qui s'est bien conduit reçoit

(1) V. Rapport F. Rivière, *loc. cit.*

(2) Malheureusement 1/7 environ disparaît avant le repas du matin pour
ne pas effectuer le travail.

une feuille de route qui lui facilitera son entrée à une station suivante.

Les travaux à effectuer sont généralement des travaux communaux.

En 1890, les 1,957 stations ont hospitalisé 1,936,091 individus (1).

Les colonies ouvrières (die arbeiter Kolonie) ont pour but de prévenir les délits et les crimes en fournissant immédiatement de l'ouvrage aux bras innoccupés. Elles ont été fondées, par principe d'humanité, pour assurer un travail d'une certaine durée, la nourriture, le vêtement et un abri aux malheureux valides, dénués de ressources, à la seule condition de travailler et de se soumettre aux règlements intérieurs (2).

Les colonies ouvrières sont dues à l'initiative de M. de Bodelschwing qui, encouragé par les nombreux services rendus par les stations, imagina de créer un abri qui, cette fois, ne serait plus temporaire mais bien permanent, destiné à tous ces individus inoccupés et cherchant vainement du travail. Il forma une société, réunit des fonds et ouvrit, le 22 mars 1882, avec quatre-vingts travailleurs, une colonie du cent soixante-six hectares de terres sans grande valeur qu'il nomma Wilhemsdorff en l'honneur de son souverain. Rapidement améliorées, ces terres ne donnèrent pas tout d'abord un revenu suffisant

(1) F. Rivière, *loc. cit.*
(2) Rapport G. Berry, *loc. cit.*, p. 10.

pour faire vivre les travailleurs et payer les frais généraux. La première année 966 colons passèrent dans la
colonie et 830 furent placés et tirés de la vie errante (1).

D'autres colonies ne tardèrent pas à être fondées sur
le même plan, en Hanovre, Sleswigh-Holstein, Brande-
bourg et Poméranie, et aujourd'hui il existe vingt-quatre
établissements de ce genre, dont vingt-deux sont exclusivement agricoles. Un s'occupe à la fois de travaux
agricoles et industriels, celui de Magdebourg ; et un
dernier est complètement industriel, celui de Berlin qui
a une succursale agricole à Tégel.

L'organisation générale de ces colonies est confiée à
un Comité central dont le siège est à Wustrau près de
Postdam.

On entre et on sort librement dans ces colonies. Seulement, au début, l'arrivant prend l'engagement de ne
sortir sous aucun prétexte pendant un mois. S'il ne tient
pas cet engagement et s'il sort avant un mois, il ne peut
plus rentrer. Pour être admis, il faut être apte au travail
et sans infirmité contagieuse. Il faut de plus présenter
des papiers en règle. Le travail est rémunéré, mais les
gains hebdomadaires ne sont remis qu'en partie, le reste
constituant un pécule réservé et touché à la sortie. La
punition, contre tout pensionnaire insubordonné, est le
renvoi avec inscription.

Une de ces principales colonies agricoles est celle de

_______

(1) Rapport F. Rivière, *loc. cit.*

Friedrischeville. Cette colonie a une superficie de cent vingt hectares et peut occuper deux cents travailleurs. Elle reçoit tous ceux qui se présentent et essaie de leur faire reprendre le goût du travail en les préparant à occuper des places chez des particuliers. Pendant un délai de quinze jours l'arrivant est mis à l'essai et ne reçoit que la nourriture et le coucher. Passé ce délai d'épreuve, il reçoit par jour, s'il s'est bien conduit, une somme de 20 à 25 pfennings, qui s'élève progressivement à 30 pfennings. Il doit se vêtir sur ce salaire, à des prix très modérés, les colonies ayant des colons tailleurs, cordonniers, etc.

Les propriétaires des environs recherchent beaucoup les pensionnaires de Friedrischeville, mais on ne leur permet de se placer qu'au bout d'un certain temps.

Les cultures principales de la colonie sont : celles du tabac, du houblon, du seigle et des pommes de terre.

L'administration provinciale accorde à la colonie une subvention de 6,000 marks par an.

L'achat des terres de la colonie a coûté 100,000 marks.

La colonie de Magdebourg est la seule colonie mixte, la seule qui soit industrielle et agricole. Ses pensionnaires vont travailler en ville et pour donner une idée des individus qu'elle reçoit, il nous suffira de rappeler la remarque faite par M. G. Berry, dans sa visite à cette colonie (1) où il a rencontré : un notaire condamné pour faux, un pasteur et un officier chassé de l'armée.

Dans cette colonie l'administration et le régime sont les mêmes qu'à la colonie de Friedrischeville. Elle a réalisé en 1890 un bénéfice de 3,000 marks (environ 3,750 francs) provenant en grande partie de la vente des produits (2).

C'est surtout la colonie industrielle de Berlin qui recrute le vagabond déjà frappé de plusieurs condamnations. Le vagabond admis librement et sans papiers est immédiatement placé dans un atelier où on a besoin de bras, à moins qu'il n'exerce un métier spécial. Il peut ne rentrer qu'à titre d'essai et s'en aller quand il veut, mais ce n'est qu'après un séjour de quatre semaines dans la maison qu'il peut chercher une place en ville.

La durée du travail est de neuf heures et demie par jour dans chacun des cinq ateliers de la colonie. Le salaire est proportionné au mérite de chaque individu et les entrepreneurs qui fournissent ce travail le paient le même prix qu'aux employés du dehors. Sur ce salaire, la colonie retient 75 pfennings par jour pour la nourriture et opère également une retenue pour indemnité de raccommodage des effets et achats de vêtements.

On évalue de 1 mark 40 à 1 mark 80 pfennings le gain journalier individuel.

(1) G. Berry, Rapport au Conseil municipal, *loc. cit.*
(2) G. Berry, même rapport.

Les dépenses générales sont très restreintes puisque, sauf le Directeur et l'Inspecteur, tous les autres employés sont des colons payés sur le même pied que les autres réfugiés.

La colonie possède une bibliothèque. Elle offre chaque dimanche, à ses pensionnaires, des matinées théâtrales et leur donne tous les soirs des leçons de chant et de musique.

Malgré ses louables efforts et ses appréciables succès, l'assistance pour les gens sans abri, en Allemagne, a été l'objet de critiques sévères. On lui a reproché une trop grande tolérance pour les admissions dans les maisons de secours ayant pour conséquence d'encourager les travailleurs à laisser trop facilement leur emploi.

Il est certain qu'il y a encore des progrès à faire et que notamment un règlement uniforme et officiel s'impose. On y arrivera, si on n'y est pas déjà arrivé, puisque, à la séance du 16 avril 1894, devant le Landtag de de Prusse, M. le comte d'Eulenberg, Ministre de l'Intérieur, Président du Conseil, répondant à une question de M. le député de Pappenheim, a pris l'engagement de préparer un projet de loi en ce sens (1).

Quoiqu'il en soit, l'organisation allemande telle que nous venons de l'étudier a produit et produira encore de

---

(1) Rapport F. Rivière, *loc. cit.* — Ce projet de loi a été présenté le 29 avril 1895 par un autre ministre, M. de Kœller, mais il a été rejeté, le 1er juillet 1895 par le Landtag.

bons résultats (1) puisque, comme le dit M. G. Berry (2),
« elle est en même temps morale et matérielle et que son
« assistance sait relever les gens tombés tout en leur
« procurant les choses nécessaires à l'existence. D'autre
« part, ajoute-t-il, elle impose peu de sacrifices aux
« coopérateurs de l'œuvre ».

Pour terminer, nous croyons intéressant de reproduire
les tableaux de statistique empruntés à M. G. Berry (3)
donnant des chiffres instructifs sur l'organisation allemande.

(1) On a constaté une diminution de 30 °/o dans le nombre des crimes
et délits.
(2) Rapport au Conseil municipal de Paris, *loc. cit.*, p. 28.
(3) *Loc. cit.*

*Développement des colonies allemandes de 1882 à 1891*

| NOM des COLONIES | LA COLONIE est destinée aux originaires de : | DATE officielle de l'ouverture de la COLONIE | NOMBRE total des places offertes | NOMBRE TOTAL des | | NOMBRE DES ENTRÉES de 1887 à 1889 | | RAPPORT % des personnes reçues plus d'une fois dans la même colonie |
|---|---|---|---|---|---|---|---|---|
| | | | | ENTRÉES depuis l'ouverture de la colonie jusqu'au 31 mars 1869 | SORTIES depuis l'ouverture de la colonie jusqu'au 31 mars 1869 | Cartes renouvelées chaque fois qu'une personne entre à la colonie | Personnes — Chaque personne compte une seule fois | |
| Wilhemsdorff .. | Westphalie prussienne......... / Lippe-Waldeck... | 22 mars 1882.... | 200 | 4,882 | 4,751 | 949 | 657 | 30,8 |
| Berlin.......... | Berlin ville........ | 1er décembre 1884 | 100 | 1,254 | 1,175 | 600 | 515 | 14,2 |
| Friedrischeville. | Brandebourg..... | 13 novembre 1883 | 175 | 3,198 | 3,079 | 1,253 | 956 | 23,6 |
| Magdebourg.... | Magdebourg ville. | 22 novembre 1888 | 30 | 54 | 35 | 54 | 54 | » |
| Karlshoff........ | Prusse orientale.. | 15 octobre 1884. | 250 | 2,406 | 2,231 | 170 | 821 | 29,9 |

*Etat général et Résultats d'exploitation des différentes colonies pour l'exercice 1888-1889*

(Rapport Berry)

## I

### WILHEMSDORFF

| CAISSE GÉNÉRALE de la Société des Colonies ouvrières — RECETTES | CAISSE GÉNÉRALE de la Société des Colonies ouvrières — DÉPENSES | NOMBRE des ENTRÉES | DÉPENSE MOYENNE par jour et par colon |
|---|---|---|---|
| 75,800 fr | 75,800 fr. | 409 | 94,25 centimes |

## II

### BERLIN

| RECETTES | DÉPENSES | NOMBRE des entrées | JOURS d'entretien | FRAIS d'entretien | SALAIRES des colons | Dépense moyenne par jour et par colon |
|---|---|---|---|---|---|---|
| 49,800 fr. | 48,700 fr. | 412 | 24,995 | 9,106 fr. | 4,382 fr. | 80 à 87 cent. |

## III

### FRIEDRISCHEVILLE

| Caisse générale de la société des colonies ouvrières — RECETTES | Caisse de la colonie même — RECETTES | ACOMPTE de la caisse générale | NOMBRE DES Entrées | NOMBRE DES Sorties | NOMBRE des jours d'entretien |
|---|---|---|---|---|---|
| 62,600 fr. | 50,700 fr. | 27,800 fr. | 534 | 531 | 46,620 |

| NOMBRE des journées de travail | FRAIS d'entretien | SALAIRE des colons | Salaire moyen par jour et par colon | Dépense moyenne par jour et par colon |
|---|---|---|---|---|
| 36,284 | 26,359 fr. | 9,304 fr. | 12,5 à 50 cent. | 91,12 cent. |

## IV

### MAGDEBOURG

| CAISSE GÉNÉRALE<br>de la société des colonies ouvrières | | NOMBRE DES | | FRAIS<br>de<br>l'entretien | Salaire moyen<br>par jour<br>et par colon |
|---|---|---|---|---|---|
| RECETTES | DÉPENSES | Entrées | Sorties | | |
| 97,100 fr. | 86,500 fr. | 50 | 26 | 6,104 fr. | de 25 à 50 cent. |

## V

### KARLSHOFF

| RECETTES | DÉPENSES | ACOMPTE<br>de la<br>caisse générale | NOMBRE DES | |
|---|---|---|---|---|
| | | | Entrées | Sorties |
| 46,800 fr. | 50,000 fr. | 15,600 fr. | 496 | 492 |

| NOMBRE<br>de jours<br>d'entretien | NOMBRE<br>de jours<br>de travail | FRAIS<br>d'entretien | SALAIRE<br>des colons | Salaire moyen<br>par jour<br>et par colon | Dépense moyenne<br>par jour<br>et par colon |
|---|---|---|---|---|---|
| 44,747 | 35,746 | 22,295 fr. | 6,517 fr. | 12,5 à 25 cent. | 98,75 cent. |

COLONIE DE BERLIN

*Temps de séjour des colons dans la colonie. — Causes de leur départ*

| CAUSES DE DÉPART | COLONS AYANT QUITTÉ LA COLONIE APRÈS Y AVOIR SÉJOURNÉ | | | | | | | | | | | | | | NOMBRE TOTAL DES SORTIES | |
|---|---|---|---|---|---|---|---|---|---|---|---|---|---|---|---|---|
| | Jusqu'à 7 jours | 8 à 14 jours | 15 à 21 jours | 22 à 35 jours | 36 à 49 jours | 50 à 63 jours | 64 à 77 jours | 78 à 105 jours | 106 à 147 jours | 148 à 203 jours | 204 à 259 jours | 260 à 315 jours | 316 à 364 jours | plus de 365 jours | Absolu | Relatif |
| | | | | | | | | | | | | | | | | °/₀ |
| Trouvé une occupation ..... | 6 | 9 | 11 | 12 | 20 | 9 | 12 | 15 | 10 | 8 | 4 | 2 | » | 6 | 124 | 23,8 |
| De leur propre volonté..... | 25 | 18 | 18 | 25 | 11 | 15 | 3 | 16 | 9 | 10 | 5 | 2 | 2 | 1 | 170 | 32,6 |
| Pour ivrognerie............ | » | » | 1 | 2 | 1 | 3 | » | 1 | 4 | » | » | » | » | 1 | 13 | 2,5 |
| — paresse............... | 3 | » | » | » | » | » | » | » | » | » | » | » | » | » | 3 | 0,6 |
| — incapacité de travail.. | 6 | » | 2 | 3 | 2 | 1 | 1 | 1 | » | 1 | » | » | » | » | 17 | 3,2 |
| — mauvaise conduite.... | 9 | 5 | 2 | 6 | 4 | 8 | 1 | 3 | 3 | 3 | » | » | 1 | 2 | 47 | 9,0 |
| — fuite................ | 59 | 5 | 5 | 5 | 5 | 1 | 3 | 3 | 2 | 1 | » | » | » | » | 89 | 17,1 |
| — réquisition de la police | » | 1 | 2 | 1 | 2 | » | » | » | » | » | » | » | » | » | 6 | 1,1 |
| — maladie ou mort...... | 7 | 6 | 3 | 8 | 3 | 1 | 2 | 4 | 5 | 1 | » | 1 | 2 | 1 | 44 | 8,4 |
| — défaut de place....... | » | 1 | 3 | 1 | » | 1 | » | » | 2 | » | » | » | » | 2 | 9 | 1,7 |
| Ensemble........ | 115 | 45 | 47 | 63 | 18 | 39 | 22 | 43 | 45 | 24 | 9 | 5 | 5 | 12 | 522 | 100 |
| Pour 100......... | 22,0 | 8,6 | 9,0 | 12,1 | 9,2 | 7,5 | 4,2 | 8,2 | 8,6 | 4,6 | 1,7 | 1,0 | 1,0 | 2,3 | » | 100 |

# CHAPITRE II

## Angleterre

L'Angleterre est le premier pays d'Europe qui ait eu une loi contre le vagabondage. En effet, la loi de 1388 stipule que tous les pauvres devront rester là où ils habitent actuellement, ou retourner à leur lieu de naissance. Tous les vagabonds valides devaient être punis du fouet ; en cas de récidive, de la perte de l'oreille droite ; et en cas de seconde récidive, du gibet. A la fin du siècle dernier on appliquait encore le fouet, en public, aux vagabonds et mendiants des deux sexes.

Aujourd'hui la législation en vigueur est établie par une loi de 1824, modifiée par celle de 1871.

Le *Vagrants act* de 1824 divise les vagabonds en trois classes :

1° *Idle and disorderly persons* comprenant les gens en état de travailler qui mendient et vagabondent ou laissent leurs femmes et enfants à la charge du bureau des pauvres. La peine est, dans ce cas, d'un mois d'emprisonnement avec travail de rigueur (hard labour) ;

2° *Rogues and vagabonds* comprenant les récidivistes de la catégorie précédente et qui sont punis de trois mois d'emprisonnement avec travail de rigueur ;

3° *Incorrigible Rogues*, récidivistes endurcis pour

lesquels la peine peut aller jusqu'à un an d'emprisonnement avec l'aggravation du fouet.

La loi de 1871 sur la Prevention of crime qui complète celle de 1824 contient une disposition intéressante :
« Toute personne suspecte, y est-il dit, qui fréquente les
« voleurs, qui erre sur le bord des rivières, des canaux,
« sur les docks, dans les rues, les squares, les carre-
« fours ou les avenues, avec l'intention de commettre
« un vol, sera réputée comme voleur et vagabond et
« condamnée à trois mois de prison. Alors même qu'il n'y
« aurait pas de preuve certaine pour établir ce délit, il
« ne sera pas nécessaire, pour prouver que la personne
« suspectée était réellement coupable, de constater tel
« acte particulier établissant cette intention. Pour s'être
« trouvée dans ce cas, et étant donné son caractère
« bien connu, la personne sera condamnée, comme
« étant convaincue d'avoir eu l'intention de commettre
« cet acte, à trois mois de prison avec travail forcé. »

C'est là une répression d'une sévérité excessive et
dont l'application serait arbitraire et dangereuse si elle
était rigoureusement suivie. Mais en fait, un vagabond
n'est puni aussi sévèrement que lorsque quelque circonstance accessoire aggrave son cas. En général, même
en cas de récidives multipliées, la peine n'excède pas
trois mois. Ajoutons enfin qu'en pareille matière le rôle
de la police est rendu très difficile par l'habitude des
« Pedlars-Certificates ». Moyennant un paiement annuel de cinq schellings, la police délivre une carte de

colporteur permettant de vendre des allumettes, des fleurs, etc... En réalité c'est une autorisation déguisée de mendier en errant çà et là, à la condition de tenir à la main un paquet d'allumettes ou un bouquet de fleurs. Des protestations très vives se sont élevées contre cet abus (1).

La sévérité de la législation anglaise se justifie par le principe de l'assistance obligatoire qui ne permet à personne d'invoquer son état de dénuement complet comme une excuse. L'Angleterre est en effet le pays classique de l'assistance légale et les indigents ont un budget spécial alimenté par la taxe des pauvres, prélevée depuis 1601 et instituée par la reine Elisabeth. D'après le statut de 1601, une condition fut mise à l'obtention d'un secours par une personne valide : l'obligation de travailler. C'est là un excellent principe, le meilleur pouvons-nous ajouter et qui régit encore toute l'organisation charitable anglaise.

A ce point de vue l'Angleterre et le pays de Galles (2) sont divisés en 647 circonscriptions ou Unions de Paroisses placées sous le contrôle supérieur du Local Governement board. Chaque union a son autonomie. Les ressources sont fournies par la taxe des pauvres payée par toute propriété foncière proportionnellement à son revenu fixé chaque année. Les secours sont

(1) Voir *Bulletin de la Société générale des Prisons*, 1883, p. 248. Article de M. Georges Dubois.

(2) L'Ecosse et l'Irlande ont leurs législations spéciales.

alloués par un conseil composé de *guardians* élus par les contribuables spéciaux ; les détails du service sont confiés à des *relieving officers* payés.

Ces indications nous ont paru indispensables pour faire comprendre les mesures préventives assurant des secours aux individus sans ressources et valides.

La maison de secours en Angleterre est le workhouse, qui est en même temps un établissement de travail pour les gens valides et un hôpital pour les vieillards et les invalides. Chaque union a son workhouse.

Le workhouse date de 1788, époque à laquelle existait le mode d'assistance par le travail à domicile. Les inspecteurs des pauvres distribuaient aux pauvres valides, à domicile, des matières premières propres à être travaillées par eux ; ceux qui n'accomplissaient pas leur tâche étaient emprisonnés dans les workhouses. En 1834 on opéra une réforme et on substitua à ce mode d'assistance celui de l'assistance exclusive par le travail dans le workhouse. C'était remplacer un mal par un autre, puisque avec ce régime le travail devenait pénal.

Ce système persiste encore. En principe tous les secours doivent être donnés au workhouse, mais nous venons de voir qu'il y a dérogation à cette règle avec les unions des paroisses. Toutefois il n'a pas été possible de maintenir ce principe dans toute sa rigueur ; et petit à petit ces dérogations sont devenues très nombreuses, si bien qu'aujourd'hui le nombre des gens secourus à domicile est triple de celui des secourus au workhouse. Chaque workhouse se compose de deux divisions : l'une pour les pauvres domiciliés dans la circonscription de l'union, l'autre, le casual ward, où sont admis les pauvres non domiciliés qui ne possèdent pas une somme de 4 pences.

La division des pauvres domiciliés a un règlement sévère : séparation complète du dehors, régime alimentaire frugal et uniforme. Cette sévérité a pour but d'empêcher les paresseux de recourir trop souvent au workhouse. Le domicile de secours s'acquiert par trois ans, mais au bout d'un an de résidence, le pauvre ne peut plus être forcé de laisser la localité pour retourner à son domicile antérieur.

La division des pauvres non domiciliés a été créée d'abord par les paroisses de Londres, par la loi de 1864, et elle a été ensuite étendue à toute l'Angleterre et le pays de Galles, par la loi de 1871. Enfin une loi spéciale, *le Casual pauper act* de 1882, commentée par un *Ordre général* du 18 décembre de la même année, en a réglé l'organisation.

Le régime du casual ward est encore très suivi : tout individu admis, soit sur un ordre du *Relieving officer* ou du bureau de police, soit sur sa demande directement par le directeur de l'asile, doit travailler jusqu'au surlendemain à neuf heures du matin et, s'il revient une seconde fois dans le mois, jusqu'au quatrième jour, à la même heure. Le travail consiste à briser des cailloux ou à effiler de vieux cordages pour faire de l'étoupe. L'hospitalisé ne reçoit aucun salaire. Les infractions à la dis-

cipline sont sévèrement punies et déférées au tribunal de
police.

Autant que possible il n'y a pas de dortoirs, mais des
cellules individuelles existent pour la nuit. Enfin les
casuals wards sont placés sous la surveillance de la
police.

Ces établissements ont été l'objet de justes critiques en
raison de la sévérité du régime et de l'absence de toute
préoccupation de relèvement de l'individu hospitalisé.

Cette sévérité dans le régime et la discipline ont fait
fuir les casuals wards et ont aussi amené à côté des
workhouses une création d'un genre particulier due à
des sociétés privées, le plus souvent avec un caractère
confessionnel (1). Nous voulons parler de ces nombreux
refuges désignés sous le nom de *Common Lodging hou-
ses* ouverts dans les villes importantes ; pour sa part
Londres en possède neuf. Ce sont des auberges de pauvres tenues par des particuliers, ouvertes de novembre
à avril, à ceux qui ont sur eux au moins deux pences
pour y passer la nuit. Les clients habituels de ces
auberges sont désignés sous le nom de *tramps* par opposition avec les *vagrants* qui forment le *minuto popolo*.
D'après une enquête faite sur le vagabondage en Angleterre par M. Boulaire (2), les trois quarts des vagabonds
se composeraient de *tramps* et le dernier quart de

(1) L'Armée du Salut a créé cinq auberges pouvant loger un millier de
personnes et où, moyennant 4 pences, on fournit le lit et deux repas.
(2) Voir *Bulletin de la Société générale des prisons*, 1886, p. 1822.

*vagrants*. Ce serait ce dernier quart qui constituerait l'élément dangereux.

Une nouvelle organisation mieux comprise que les précédentes a été créée en 1878 par les administrateurs des Unions du comté de Berk en vue de venir en aide à l'ouvrier vraiment sans ressources : c'est le *Berkshire system*. Tout vagabond se présentant dans un des casuals wards de la circonscription est reçu, logé, nourri et doit exécuter le lendemain une tâche déterminée. S'il s'en acquitte convenablement il reçoit à son départ une feuille de route, way-ticket, portant son nom, son signalement et l'indication du lieu où il se rend. S'il présente, le soir, sa feuille à un workhouse situé à dix milles plus loin dans la direction indiquée, il est hospitalisé gratuitement et sans travail ; de même le lendemain, pourvu qu'il soit arrivé à vingt milles du point de départ, à midi, en présentant sa feuille à un bureau de police intermédiaire, il recevra une livre de pain.

C'est là un système très ingénieux et très pratique qui n'est malheureusement étendu qu'aux trois comtés de Berk, Wilts et Glowcester, dans lesquels il a donné d'excellents résultats.

D'ailleurs, il convient de signaler les efforts faits par quelques sociétés et notamment *La Charity organisation society* et la société Howard (1) pour arriver à introduire de nouvelles modifications en pareille matière.

_______

(1) *Bulletin de la société générale des prisons*, 1883, p. 248.

De plus, le gouvernement lui-même a nommé en 1893 une commission royale d'enquête, présidée par S. A. R. le prince de Galles, avec mission d'étudier l'organisation actuelle des workhouses et les améliorations à y apporter (1).

Nul doute qu'avec leur esprit pratique, les Anglais n'arrivent promptement à faire faire à l'organisation de l'assistance tous les progrès désirables.

## CHAPITRE III

### Autriche-Hongrie

L'Autriche et la Hongrie ont une constitution commune : la constitution du 21 décembre 1867. Elles ont donc des institutions communes, mais parmi celles-ci ne figure pas le droit pénal, aussi, au point de vue spécial qui nous occupe, aurons-nous à examiner séparément la législation de ces deux pays.

### A. — *Autriche*

Le Code pénal autrichien du 27 mai 1852 n'avait pas réprimé le vagabondage ; seule la mendicité était punissable (art. 517 à 521). Ce sont les lois des 10 mai 1873,

---

(1) Nous n'avons pu avoir sous la main les documents nécessaires nous permettant d'apprendre à quels résultats cette commission était arrivée.

24 mai 1885 et 24 mai 1889, qui, en modifiant les dispositions antérieures ont organisé une répression.

Le vagabondage est ainsi défini dans la nouvelle législation : « sera puni comme vagabond celui qui erre « sans occupation et sans travail et ne peut prouver qu'il « a les moyens de s'entretenir ou qu'il cherche à les « acquérir honnêtement ». Quant à la pénalité, elle est de un à trois mois « d'arrêts durs ». Peuvent être prononcées aussi une ou plusieurs aggravations de peines prévues par l'article 253 du Code pénal du 27 mai 1852 : nourriture restreinte, travail plus pénible, privation de lit, cellule obscure, peines corporelles.

En outre, la loi a emprunté à la législation prussienne la contravention *d'horreur du travail*, et donne aux communes le droit de contraindre tout individu, sans moyens d'existence, sans occupations permises et capable de travailler, à accepter un travail répondant à ses facultés et qui lui sera payé, soit en argent, soit en nature. En cas de refus, une peine d'arrêts durs, de huit jours à un mois, sera prononcée.

Enfin deux peines accessoires sont encore prévues : la surveillance de la police et le renvoi dans une maison de travail forcé ; la première par l'art. 5 de la loi du 24 mai 1873 et la seconde par l'art. 7 de la loi du 24 mai 1885.

La peine de la surveillance de la police est appliquée par l'administration centrale de première instance ; cette autorité, sorte de préfecture de police appelée Bezirkshauptmannschalft (1), peut interdire une résidence au surveillé ou lui en imposer une autre. Le surveillé doit faire connaître ses déplacements et comparaître à toute réquisition ; certains lieux publics lui sont interdits et toute perquisition utile peut être faite chez lui ou sur lui, à toute heure. C'est là une peine trop rigoureuse dont on demande l'abrogation depuis longtemps.

Quant au renvoi dans une maison de travail forcé, il appartient à la *Lieutenance*, autorité qui remplace l'Empereur dans chacun des pays et décide la durée du temps pendant lequel le condamné sera détenu.

Le renvoi dans une maison de travail forcé, place, de plein droit, le condamné sous la surveillance de la police.

La loi du 11 août 1871 (n° 88) fournit à la police et aux autorités communales un moyen pratique de se débarrasser des vagabonds non domiciliés ; elles peuvent en effet requérir l'éloignement de tout individu se livrant au vagabondage et son renvoi dans la commune où il possède le domicile de secours. A cet effet l'autorité municipale doit dresser un procès-verbal de *Constitut* indiquant les motifs de la demande de renvoi. Ce procès-verbal est transmis à la direction de police qui peut refuser l'expulsion ou la prononcer en employant l'un des deux modes suivants : 1° remise d'une feuille de route obligatoire indiquant l'itinéraire à suivre et les

(1) Rapport Rivière, *loc. cit.*

7

stations d'étape ; 2° dans les cas plus graves, conduite par la gendarmerie de brigade en brigade jusqu'au domicile où, au moins, en dehors du territoire dans lequel la loi est exécutoire.

Il convient de signaler encore les dispositions spéciales concernant les jeunes vagabonds qui, lorsqu'ils sont âgés d'au moins quatorze ans accomplis, sont renvoyés dans des maisons de correction (loi du 24 mai 1885, nᵒˢ 89 et 90).

En ce qui concerne l'assistance, l'Autriche a suivi l'exemple de l'Allemagne, et la création de stations de secours a été votée par les Diètes de Basse-Autriche (1886) ; de Moravie (1887) ; de Haute-Autriche (1888) et de Styrie (1888). Pour l'organisation de ces stations de secours on a généralement utilisé les stations d'étapes déjà existantes. Les dépenses sont tantôt à la charge de l'Etat ou d'associations de communes. Des inspecteurs en contrôlent le service et le fonctionnement. Les hospitalisés ne sont admis qu'une seule fois en trois mois et on n'accueille pas les gens du pays et des communes voisines.

Disons en terminant que les principes de la loi du 24 mai 1885, en ce qui concerne le vagabondage, ont été maintenus dans le projet de réforme du Code pénal déposé en 1891 à la Chambre des députés par M. le comte de Schœnbrune, ministre de la justice.

## B. — *Hongrie*

En Hongrie, la question du vagabondage offre une gravité particulière en raison du séjour de cette peuplade aux mœurs nomades connue sous le nom de Tziganes. Malgré les mesures rigoureuses prises contre eux, à la fin du siècle dernier, par Joseph II, le plus grand nombre a continué à mener la vie errante de leurs ancêtres d'origine Hindoue (1), « régalant de musique « les bourgs qu'ils traversent et faisant ensuite main « basse sur les volailles et le menu bétail » (2). Plusieurs projets ont été élaborés en vue de leur établissement et d'après lesquels le gouvernement ferait construire des logements dans chaque village, pour chaque famille errante. Soumis à la surveillance de la police, les Tziganes seraient tenus d'habiter ces maisons et de travailler régulièrement sous peine d'emprisonnement.

Quoiqu'il en soit, le vagabondage est actuellement réprimé en Hongrie par la loi du 14 juin 1879 qui contient tout le Code pénal relatif aux contraventions. Quiconque n'a pas de domicile fixe, ou le quitte et vagabonde, sans travail et sans occupations, sera puni comme vagabond de huit jours d'arrêts au maximum, si, dans le délai qui lui est imparti par l'autorité, il ne peut prouver qu'il a les moyens de subvenir à son

___

(1) On estime leur nombre, en Hongrie, à 200,000.

(2) M. Rivière, *loc. cit.*

existence ou qu'il cherche à se les procurer honnêtement (art. 62).

Dans le cas de vagabondage d'enfants au-dessous de seize ans, les parents ou tuteurs négligents sont punis d'une amende de 100 florins au maximum, qui pourra s'élever à 200 florins, en cas de récidive dans le délai de deux ans (art. 64). S'il existe une maison de correction dans le *Comitat*, le jeune vagabond de moins de seize ans y sera envoyé pendant une année pour y recevoir l'éducation (art. 65.)

La question de l'assistance paraît avoir fait peu de progrès en Hongrie. Il existe cependant un refuge de Kobanya près Buda-Pesth qui est ouvert aux détenus libérés se trouvant momentanément sans abri. Ce sont surtout les sociétés de patronage qui jouent le rôle prépondérant dans l'assistance des vagabonds. Elles sont au nombre de vingt actuellement et sont subventionnées par l'Etat; plusieurs d'entre elles ont des ressources particulières (1).

(1) *Bulletin de la Société générale des prisons*, 1894, page 1091.

# CHAPITRE IV

## Pays-Bas. — Belgique. — Grand-Duché de Luxembourg

### A. — *Pays-Bas*

Dans le Code pénal des Pays-Bas promulgué en 1881, on ne trouve ni définition ni sanction du vagabondage. C'est une loi du 15 janvier 1886 qui a réglementé cette question. D'après cette loi, le vagabondage est le fait de mener une vie errante sans avoir de moyens d'existence. C'est alors une simple contravention sanctionnée par une double pénalité : la prison et la peine accessoire du renvoi facultatif dans une maison de travail forcé. Dans le cas de vagabondage simple, une peine de douze jours de prison, au plus, est prononcée. Mais s'il y a concours d'au moins trois personnes, âgées de plus de seize ans, le fait devient délictueux et est puni de trois mois de prison au minimum.

Dans l'un et l'autre cas, les individus valides et susceptibles de travailler peuvent être envoyés, à l'expiration de leur peine, dans des maisons de travail forcé, pour une durée de trois mois à trois ans.

Prononcée par le tribunal, cette peine accessoire est facultative. Son but est de prévenir la récidive en donnant des habitudes de travail aux libérés et en leur permettant également d'amasser un petit pécule pendant leur séjour à la maison de travail.

Les établissements destinés à recevoir les libérés renvoyés en travail forcé sont situés sur la frontière des provinces de Gueldre et d'Overyssel.

A l'origine, ces établissements comprenaient deux colonies agricoles, celle d'Ommerschans et celle de Veenhuizen. La première, destinée à recevoir les libérés indisciplinés et réfractaires au travail, a été remplacée en exécution des dispositions de la loi du 14 avril 1886, par un établissement industriel installé dans l'ancienne maison de correction de Hoorn.

La colonie de Weenhuizen existe toujours; c'est la plus importante. Elle est destinée aux vagabonds et en outre aux mendiants et ivrognes. Les prévenus de vagabondage ont même le droit de se rendre volontairement à la colonie avant le jugement et d'éviter ainsi une condamnation à l'emprisonnement. Les pensionnaires sont divisés en trois classes et renfermés dans trois établissements différents. Au 31 décembre 1893, l'établissement n° 1 avait 1,062 détenus; l'établissement n° 2 avait 839 détenus et l'établissement n° 3 avait 995 détenus. Malheureusement dans ces deux dernières colonies la vie entière des pensionnaires se passe en commun. Ce grave inconvénient a diminué le succès de l'entreprise et ces colonies officielles ont eu un échec relatif.

Bien différent et autrement pratique a été le système organisé par la Société Néerlandaise de bienfaisance.

Fondée en 1818 par le général Van den Bosch, elle avait pour but d'occuper tous les individus que les guerres continuelles du début du siècle avaient plongés dans une grande misère. Dès le début 21,000 adhérents versèrent 70,000 florins qui furent destinés à acheter 800 hectares de terres dans les landes de la Gueldre.

Aujourd'hui la Société n'a pas changé de but ; elle fournit toujours aux ouvriers sans ressources et involontairement inoccupés un travail rémunérateur et un bien-être relatif. Elle a sous sa direction trois colonies d'une étendue de 2,100 hectares, dont 1,100 en terrains agricoles sur lesquels 324 hectares sont loués à des particuliers et le surplus cultivé par des colons. On y fait valoir aussi six grandes fermes. En outre, la Société possède : une manufacture de beurre et de fromages et trois manufactures de vannerie. Elle exploite aussi de vastes tourbières.

Ces trois colonies sont situées à Friedricksoord, à Wilhemsoord et à Wilhelminasoord. Leur population est d'environ 2,000 habitants.

Ajoutons qu'un médecin et des pharmaciens sont attachés à la colonie ; que cinq écoles primaires y ont été fondées, que deux églises, une protestante, l'autre catholique, et une synagogue sont desservies ; qu'un juge de paix est chargé d'examiner les litiges et qu'enfin chaque semaine, un conseil composé des directeurs, des sous-directeurs, d'instituteurs et de délégués des familles examine les réclamations, les projets agricoles et l'état des travaux des colonies. Enfin en 1882, une école d'horticulture a été fondée.

Chaque famille de colons reçoit, à son entrée dans la colonie, une habitation ayant un jardin et composée d'un rez-de-chaussée divisé en deux parties. A côté, on lui donne une étable avec deux vaches. Le chef de famille reçoit en outre des vêtements pour lui, pour sa femme et pour ses enfants, ainsi qu'un mobilier et l'outillage nécessaire à l'exploitation de son domaine.

L'homme est embauché dans la ferme la plus proche ou dans une fabrique, selon ses aptitudes et ses connaissances. Il reçoit à la fin de chaque semaine un salaire duquel la Société déduit 0 fr. 70 pour le loyer ; 0 fr. 06 pour le service médical (1) sans préjudice d'un 10 % figurant au compte de la réserve (2).

Le colon et sa famille font d'abord un stage d'une année pendant lequel ils reçoivent un salaire journalier proportionné à leur travail. Après ce stage, s'ils ont fait preuve de capacité et d'économie, ils sont considérés comme fermiers libres ou bœrs (3). Ils peuvent alors semer, récolter et vendre les produits de leurs travaux.

A côté de ces familles, on accueille des individus isolés qui sont alors logés dans une famille, moyennant deux florins par semaine.

---

(1) Le centime hollandais équivaut à deux centimes français.

(2) G. BERRY, *loc. cit.*

(3) Le nom a été transporté dans le Sud de l'Afrique par des colons émigrés qui ont fondé la race de ce petit peuple qui lutte si héroïquement à l'heure actuelle, pour son indépendance et sa liberté.

L'administration de la Société se compose : d'un directeur qui réside à Friedricksoord ; de deux sous-directeurs qui résident, l'un à Wilhemsoord, et l'autre à Wilhelminasoord. Une section locale est instituée dans toute commune dont les cotisations atteignent 52 florins. Chaque section est administrée par un comité et nomme un délégué à l'assemblée générale.

Telle est l'organisation de la Société Néerlandaise qui a fait ainsi œuvre de bonne civilisation.

### B. — *Belgique*

La Belgique est certainement, au point de vue qui nous occupe, le pays qui offre en exemple, aux nations civilisées, la législation la plus complète et la plus rationnelle. Mais avant d'en examiner les détails, nous croyons utile de signaler les différentes étapes parcourues par le législateur belge dans sa lutte contre le vagabondage. L'effort persévérant que nous y découvrirons et qui a abouti à la loi actuellement en vigueur, constitue, croyons-nous, avec l'évidence du succès obtenu, la démonstration la plus probante de la nécessité où se trouve le législateur français de choisir là son modèle et d'en finir ainsi avec les tâtonnements qui ont entravé toutes les réformes proposées jusqu'à ce jour (1).

_______________

(1) Pour l'étude de la législation belge, nous avons consulté une très intéressante et très complète communication faite par M. Drioux, publiée en mai 1894 par le *Bulletin de la Société de législation comparée*, et dont nous avons pu prendre connaissance grâce à l'obligeance de l'auteur lui-même.

Dès 1846, les principes qui ont toujours guidé le législateur belge se faisaient jour. A ce moment existaient encore six dépôts de mendicité que le décret de 1808 avait créés pour les neuf départements alors annexés à la France. Ces établissements n'avaient pas, là non plus, donné les résultats qu'on attendait d'eux. Aussi, le 17 novembre 1846, un projet de loi était-il soumis à la Chambre des représentants de Belgique, modifiant l'organisation des dépôts de mendicité. Le projet fut voté et devint la loi du 3 avril 1848 qui confiait à l'Etat l'administration des dépôts et qui, de plus, les ouvrait aux condamnés pour vagabondage et aux individus qui s'y présentaient pour être secourus et assistés. De plus, un arrêté royal pris postérieurement, en exécution de cette loi, détermina les conditions de l'internement et de la sortie.

La voie des réformes était ainsi ouverte, elle n'allait plus se refermer. Une nouvelle loi était votée le 1er mai 1849 (1), introduisant une innovation capitale qui n'est encore chez nous qu'à l'état de projet incertain. Les délits de vagabondage et de mendicité devenaient de simples contraventions punies d'une peine d'emprisonnement qui pouvait aller jusqu'à huit jours et dont la connaissance était attribuée aux juges de paix. Cette réforme en entraînait une autre ; cette même loi étendait, par ailleurs, la compétence des magistrats cantonaux.

_______

(1) Une circulaire du 30 juin 1849 en a assuré l'application.

Une autre étape fut franchie avec la loi du 6 mars 1866. Une distinction était établie entre vagabonds valides et vagabonds invalides. Seuls les premiers, lorsqu'ils sont âgés de plus de quatorze ans, sont passibles d'une peine d'emprisonnement dont la durée varie de quinze jours à trois mois, et de trois à six mois en cas de récidive. L'internement a lieu soit dans une école de réforme, soit dans une maison pénitentiaire. Quant aux invalides et mineurs de quatorze ans, ils ne sont à l'abri de toute poursuite que sous certaines conditions.

Le 10 mars 1866, un arrêté royal intervient en exécution de la loi et spécifie la manière dont s'effectuera l'internement. Le système cellulaire est préconisé et expérimenté. Malheureusement cette expérience ne réussit pas, l'application en étant difficile et surtout coûteuse, on en revint au système des colonies qui avait disparu en 1846, à la dissolution de celle de Merxplas-Hoostraten. C'est par la loi du 20 mars 1870 qu'ont été autorisées les créations de Merxplas et de Wortel devenus les modèles du genre, comme organisation (1). Bien que les résultats économiques qui y ont été obtenus

---

(1) La description de la colonie de Merxplas a été faite en ces termes, au congrès d'Anvers (1890) par M. le pasteur Robin : « Le gouvernement « belge, dit-il, nous a ménagé une grande surprise. Il nous a invités à visiter « l'établissement de ses colonies de bienfaisance qui étaient très peu con- « nues et il nous a montré, du moins pour la partie répressive de la « question du vagabondage et de la mendicité, le problème résolu. Il nous « a conduits dans un établissement admirable. J'en ai visité beaucoup de « ce genre, je déclare que je n'ai vu nulle part un établissement présentant « un tel ensemble. » — *Rev. pénitentiaire*, 1890.

soient importants, on peut se demander si la plus-value donnée à des terrains incultes par la main-d'œuvre de nombreux vagabonds se maintiendra longtemps (1). Beaucoup de criminalistes se sont demandé aussi, avec raison, s'il n'y a pas un danger moral dans l'agglomération d'un grand nombre d'individus tarés. Quoiqu'il en soit, ces colonies sont toujours prospères, puisque au 1ᵉʳ janvier 1896 le nombre des internés était de 5,900 (2).

Le Congrès international, tenu à Anvers en 1890, détermina M. Lejeune, ministre de la justice, à déposer à la Chambre des représentants un projet de loi destiné à remanier la législation de 1866 qui n'avait pas donné tous les résultats qu'on en attendait, en raison même des nécessités budgétaires qui ont entravé son application intégrale. Le projet est devenu la loi actuellement en vigueur du 27 novembre 1891. M. Drioux, dans la communication que nous avons citée plus haut, apprécie ainsi la nécessité de cette loi nouvelle : « Il était bon « d'affirmer, avec plus de précision que cela n'avait été « fait jusque-là, la différence profonde qui doit séparer « les vagabonds et mendiants professionnels de ceux qui « le sont par accident, et l'énergie qui doit armer contre « les premiers la répression. Il était utile de s'occuper, « avec plus de détails, de l'enfance coupable. Enfin le

_________

(1) En 1890, la plus-value avait atteint le chiffre de 2,506,332 fr. pour la seule colonie de Merxplas.

(2) F. Chanteau, *Vagabondage et mendicité*, p. 102.

« Gouvernement ne pouvait donner que plus d'autorité à
« ses plans, en associant plus intimement à ses projets
« les pouvoirs législatif et judiciaire et en soumettant
« les condamnés à un traitement bien défini » (1).

En même temps que cette loi du 27 novembre 1891,
deux autres lois étaient promulguées à la même date,
l'une sur l'assistance médicale gratuite et l'autre sur
l'assistance publique. Le législateur voulait ainsi, en
assurant une répression sévère du vagabondage, organiser sur des bases solides une assistance efficace.

La loi du 27 novembre 1891 comprend quarante-deux
articles divisés en dix paragraphes.

Les sept premiers ont trait aux divers établissements
organisés pour la répression du vagabondage. Ces établissements sont de trois sortes : établissements de
correction ; — maisons de refuge ; — écoles de bienfaisance.

Les établissements de correction sont désignés sous
le nom de dépôts de mendicité et servent seuls à la
répression. Ils ne reçoivent que les vagabonds et mendiants professionnels. C'est Merxplas qui est la maison
de répression par excellence. Là, les détenus sont séparés en six catégories : 1° souteneurs immoraux, incen-
diaires (2) ; — 2° vagabonds et mendiants subissant plus
de trois ans d'internement ; — 3° vagabonds et mendiants

_______

(1) Duroux, *loc. cit.*, p. 22.

(2) La séparation entre eux est complète. La nuit ils sont dans une cellule
grillée et le jour une étroite surveillance les maintient isolés.

subissant un internement de moins de trois ans ; — 4° jeunes gens de dix-huit à vingt-un ans ; — 5° invalides capables d'un certain travail ; — 6° les *amendés* admis dans cette section, à titre de récompense et susceptibles d'obtenir leur libération conditionnelle. D'une façon générale, la discipline est sévère. Cependant le traitement est plus ou moins dur selon les sections et c'est une faveur de passer de l'une dans l'autre. Le travail obligatoire n'est pas rémunéré par un salaire, mais il est l'objet de gratifications destinées à récompenser la bonne volonté et à stimuler le courage. Du reste ce travail est organisé par un arrêté royal du 20 janvier 1894 (1) qui stipule : que tout individu ayant un métier devra travailler de ce métier au dépôt ; que « les internés ne seront employés aux travaux industriels « que pour la confection des objets destinés au service « des établissements dépendant du département de la « justice et pour l'entretien et l'amélioration du matériel « et de l'outillage à l'usage de ces établissements » (art. 3); que les objets confectionnés ne seront livrés au commerce « qu'en cas de nécessité absolue résultant de « l'insuffisance des commandes » (art. 4). De plus « les « internés incapables de fournir une main-d'œuvre « susceptible d'être utilisée dans des ateliers industriels « de l'établissement, sur un chantier de construction, « aux travaux d'entretien des bâtiments ou au service

_________

(1) Cet arrêté est également applicable aux maisons de refuge.

« agricole, seront seuls employés aux services domes-
« tiques, aux travaux de culture, de boisement et de
« terrassement, ou travaux dits de simple occupation »
(art. 5). Enfin les masses de sortie peuvent être remises,
partie en espèces, partie en vêtements, chaussures, etc.

Les *maisons de refuge* sont destinées à recevoir les
individus mis à la disposition du Gouvernement pour
y être internés, ainsi que ceux dont l'internement est
requis par l'autorité communale. Ce sont surtout des
malheureux privés de ressources et sans travail qui sont
réduits à la mendicité. Lorsqu'ils se présentent, ils doivent être munis de l'arrêté d'un collège des bourgmestres
et échevins autorisant leur admission (art. 3). Les
maisons de refuge sont *Wortel* et *Hoogstraten*, qui
forment deux domaines contenant deux mille cinq cents
places ; Wortel reçoit les valides, Hoogstraten les invalides. Le travail y est obligatoire et les frais de séjour
sont payés par la commune. Les reclus sont séparés en
sections selon les âges et le degré de paresse. Un
comité de patronage s'intéresse à eux lors de leur
sortie. Il y a un autre établissement, qui est à la fois
établissement de répression et maison de refuge pour
les femmes, c'est Bruges, qui contient deux mille cinq
cents places et où les travaux consistent en couture,
confections, dentelle, blanchissage, cuisine, en un mot
tous les travaux de femme (1).

(1) M. Louis Rivière, qui a visité l'établissement, y a consacré un
article paru dans la *Revue pénitentiaire* de juillet-août 1898.

Enfin les individus, âgés de moins de dix-huit ans, mis à la disposition du Gouvernement par l'autorité judiciaire sont envoyés dans des écoles de bienfaisance qui sont au nombre de six, et où ils sont élevés jusqu'à leur majorité à moins que, donnant des preuves sérieuses d'amendement, ils ne soient placés avant cette époque chez un patron cultivateur ou artisan. Les frais d'éducation sont partagés entre l'Etat et la commuue, car il faut que celle-ci soit pécuniairement intéressée à bien élever les enfants nés sur son territoire et à les empêcher de devenir de précoces vagabonds.

Les articles 8 à 20 de la loi du 27 novembre 1891 s'occupent de mesures répressives.

En principe, lorsque le vagabondage n'est pas accompagné de circonstances aggravantes prévues par les articles 276, 277, 279 de notre Code pénal et 342 à 347 du Code belge, il n'est ni un délit ni une contravention et il ne peut être puni d'aucune peine d'emprisonnement.

La répression appartient au juge de paix. Voyons quelle est la procédure suivie en pareille matière : le magistrat doit d'abord recevoir les indications de l'individu qui comparaît devant lui, soit volontairement, soit après arrestation, et vérifier dans les vingt-quatre heures (1) « son identité, son âge, son état physique, « son état mental et son genre de vie ». Il doit demander

(1) En vertu de l'art. 7 de la constitution belge, tout individu arrêté doit recevoir, dans les vingt-quatre heures, notification de l'ordonnance confirmant ou ordonnant la mesure dont il est l'objet.

les renseignements qui lui sont nécessaires, par télégramme, près des autorités compétentes et notamment au Ministère de la justice où il existe un casier central de vagabondage. Si les renseignements sont complets et arrivent en temps utile, le juge de paix statue dans les vingt-quatre heures. S'ils sont insuffisants, ou si le magistrat éprouve des doutes, il peut ordonner la mise en liberté ou « proposer au prévenu de surseoir à la « sentence », n'ayant pas le droit d'ordonner une remise sans son consentement.

Ce délai de vingt-quatre heures est beaucoup trop court, et c'est là un des défauts de la législation belge, en raison de l'importance de la décision à prendre.

Lorsque le juge de paix se trouve en présence d'un individu qui se constitue volontairement, n'ayant plus de ressources pour vivre, il prononce son renvoi dans une de ces maisons de refuge dont nous avons examiné l'organisation. La durée de l'internement dans ce cas ne peut dépasser un an.

Au contraire, il met à la disposition du Gouvernement pour être enfermé dans un dépôt pendant deux ans au moins et sept ans au plus « les individus qui au lieu de « demander au travail leurs moyens de subsistance, « exploitent la charité comme mendiants de profession ; « les individus qui, par fainéantise, ivrognerie ou dérè- « glement de mœurs, vivent en état de vagabondage, et « les souteneurs de filles publiques. »

Le juge de paix statue en dernier ressort sur le sort

des vagabonds, mais sa décision peut être frappée d'appel ou d'opposition s'il s'agit d'un souteneur. C'est là une anomalie qui est le résultat d'une concession faite par le Ministre de la justice au parti de la Chambre des représentants qui refusait d'assimiler les souteneurs aux vagabonds, au moment de la discussion de la loi (1).

Enfin la loi du 27 novembre 1891 donne aux tribunaux correctionnels la faculté de mettre à la disposition du Gouvernement pour être enfermés, après leur peine subie, dans un dépôt, pendant un an au moins et sept ans au plus, les vagabonds qu'ils condamnent à un emprisonnement de moins de un an, du chef d'une infraction prévue par la législation pénale.

Les mesures répressives sont complétées par une disposition relative aux vagabonds étrangers qui sont reconduits à la frontière.

Les articles 21, 22, 23 de la loi du 27 mai 1891 sont relatifs aux frais d'entretien dans les dépôts et maisons de refuge. Ces frais sont tantôt à la charge, par tiers, de la commune du domicile de secours, de la province et de l'Etat, pour les individus internés aux dépôts, tantôt à la charge de la commune pour les individus enfermés dans les refuges à la demande d'une administration communale, et tantôt à la charge, par tiers, de la commune, de la province et de l'Etat, si ces individus ont été enfermés en vertu d'une décision judiciaire.

(1) M. Drioux, *loc. cit.*, p. 29.

Nous avons dit plus haut que la décision du juge de paix, en ce qui concerne les vagabonds, est sans appel. Il y a cependant un correctif à cette disposition dans la faculté accordée au reclus de demander sa libération aussitôt arrivé au dépôt, et en cas de rejet, de renouveler cette demande tous les trois mois. A cet effet on a admis l'intervention de la Société pour le patronage des vagabonds, qui appuie près des Ministres les demandes de libération et qui s'occupe de faire rentrer les libérés dans leurs familles, ou de leur procurer un asile et un métier. Cette Société a des comités qui fonctionnent dans chaque commune.

L'efficacité répressive de la loi de 1891 s'est fait sentir dès les premières années de son application ; c'est ainsi que le nombre des internés, qui était de 8,825 en 1891, est tombé, en 1893, à 6,660.

Nous en avons terminé avec l'œuvre du législateur belge inspirée par cette généreuse idée que l'assistance est inséparable de la répression. Il a abouti aux résultats logiques que méritaient ses constants efforts.

Il est à désirer qu'il soit imité en France !

## C. — *Luxembourg*

Le Code pénal luxembourgeois, du 18 juin 1879, définit le vagabondage, dans son article 347, dans les mêmes termes que le Code pénal français. Classé parmi les contraventions, le vagabondage simple n'est puni, la première fois, que d'une amende de 5 à 25 francs et d'un emprisonnement de un à sept jours. En cas de récidive dans le délai d'un an, la peine peut être élevée à douze jours.

Lorsque le vagabondage est accompagné de circonstances aggravantes (1) prévues par les articles 342, 343, 344, 345, la peine varie de huit jours à trois ans d'emprisonnement. En outre, d'après l'article 346, les condamnés peuvent être : 1° placés sous la surveillance de la haute police pendant cinq ans au moins et dix ans au plus ; — 2° mis à la disposition du Gouvernement pour un temps qui ne peut excéder un an ; — 3° expulsés s'ils sont étrangers.

L'exécution de la seconde pénalité a lieu dans un dépôt de mendicité situé dans un ancien couvent construit sur les bords de l'Alzette, au pied du plateau de Rham, et qui renferme, en outre, la maison de correction et la maison centrale. Les travaux sont industriels.

L'assistance aux ouvriers sans travail est confiée à des bureaux de bienfaisance communaux.

---

1) Les circonstances aggravantes sont : le port d'armes, de faux certificats, de limes ou crochets et l'entrée, sans autorisation, dans les habitations.

# CHAPITRE V

## Etats Scandinaves .

### A. — *Danemark*

C'est une loi du 3 mars 1860 qui, en dehors du Code pénal danois, postérieur de six ans, réprime le vagabondage.

D'après les articles 1 et 2 de cette loi, sont réputés vagabonds :

1° Les individus qui, errant sans avoir de travail, ne peuvent prouver qu'ils sont en possession de moyens nécessaires de subsistance ou qu'ils cherchent, au moins, à vivre honnêtement.

2° Les individus qui désobéissent à une injonction formelle, à eux donnée par la police, de chercher de quoi vivre honnêtement. Une telle injonction peut être faite par la police à toute personne sans fortune, sans métier fixe ou autre état, qui ne peut indiquer d'une manière satisfaisante comment elle gagne sa vie.

Ces individus sont traduits devant le tribunal qui peut prononcer l'internement dans une maison de travail. La durée de cet internement est généralement de huit à quinze jours, quand il s'agit d'une première condamnation et de six mois au maximum en cas de récidive.

Une loi du 9 avril 1891 est venue réglementer l'organisation des maison de travail. D'après cette loi chaque arrondissement doit avoir un établissement de travail forcé (Tsangsarbejdsandstadt). Le plus important de ces établissements est celui de Ladegaarden.

Dans la loi du 3 mars 1860 se trouve également la la disposition suivante relative aux enfants vagabonds : ne peuvent être condamnés pour vagabondage les enfants âgés de moins de dix ans accomplis. Au-dessus de cet âge, ils peuvent être renvoyés dans des établissements privés qui existent dans toutes les provinces et qui ont été fondés par de nombreuses sociétés de patronage.

Pour en finir avec les mesures répressives, ajoutons que les dispositions relatives aux étrangers sont réglées par la loi du 15 mai 1875. Les prescriptions de cette loi interdisent le séjour du pays aux bohémiens, musiciens, saltimbauques ou autres personnes étrangères voulant gagner leur vie par le vagabondage.

Ce n'est qu'en 1891 que la législation danoise sur le vagabondage a été complétée, et qu'à côté de la répression sévère, une assistance complète et rationnelle a été organisée par trois lois promulguées presque simultanément au début du mois d'avril 1891 :

1° Une loi sur l'assistance publique du 9 avril 1891 (Lov om det offentlige Fattigvesen), établissant le principe de l'obligation du secours en le mettant à la charge de la commune.

2° Une loi du même jour (Lov om Alderdomsem ders-
tottœlse til vœrdige traengende udenfor Fattigevesenet),
reconnaissant à tout indigent méritant et âgé de soixante-
dix ans le droit à une pension en dehors des secours de
l'assistance publique.

3° Une loi du 1ᵉʳ avril 1891 (Lov om Fœstervirksom-
hedens ordning), réglementant l'industrie des bureaux
de placement.

Enfin, il existe des règles spéciales pour les *Compa-
gnons* (garçons de métier voyageant). Ceux-ci doivent
êtres munis d'un livret qui est visé par la police du lieu
où ils s'arrêtent et il ne faut pas qu'ils s'écartent de la
route indiquée sur le livret. Lorsqu'ils manquent de
travail ou de moyens de subsistance, ils sont renvoyés
dans leur commune par la police. L'initiative privée a,
d'ailleurs, organisé pour eux des auberges hospitalières et des stations de secours sur le modèle de celles
de l'Allemagne.

## B. — *Finlande* (1)

C'est le décret du 2 avril 1883 qui réglemente la question du vagabondage en Finlande, le Code pénal n'ayant
apporté aucune modification à ce sujet.

D'après ce décret, sont considérés comme vagabonds

_______

(1) Bien qu'annexé à l'Empire de Russie depuis le traité de Fredrikshaon
(1809), le grand duché de Finlande a conservé ses institutions suédoises ;
aussi est-ce pour cette raison que nous avons placé l'étude de sa législation avec celle des Etats Scandinaves.

les individus sans domicile, sans occupation habituelle, sans ressources et menant une vie immorale ou honteuse.

La peine prononcée contre le vagabond est celle de la détention dans une maison de travail forcé pour une durée de trois mois à un an, et six mois à trois ans en cas de récidive. Cette peine est prononcée par un fonctionnaire de l'ordre administratif, le Gouverneur de la province, auquel la police doit renvoyer l'individu arrêté.

Les enfants vagabonds, mineurs de quinze ans, sont renvoyés dans leurs communes auxquelles incombe la charge de les secourir. En outre, la Société pour l'éducation des enfants abandonnés et pervers, fondée en 1870, subventionne onze asiles destinés à recueillir les enfants vagabonds et abandonnés. Ces asiles peuvent contenir deux cents pensionnaires.

Il existe en Finlande deux maisons de travail forcé : l'une pour les hommes, l'autre pour les femmes.

Celle destinée aux hommes est installée dans l'ancienne forteresse de Wilmanstrand. Cet établissement peut contenir trois cent deux détenus. Le travail est rigoureusement obligatoire et la gratification quotidienne est de quatre centimes.

L'établissement destiné aux femmes est situé à Tavastheus. Il dispose de deux cents places. Le travail y est également obligatoire. La gratification quotidienne est de cinq centimes.

A côté de tous les établissements communaux que le principe de l'assistance obligatoire a fait créer, il existe un établissement de l'Etat à Helsingfors qui reçoit notamment et pour un certain temps, les individus dénués de ressources et sans ouvrage. Ils sont nourris, vêtus et logés aux frais de la ville de Helsingfors, à laquelle appartient le produit de leur travail.

Il existe dans cette même ville un asile de nuit dû à l'initiative privée et où, moyennant 0 fr. 20, les gens sans domicile obtiennent un lit pour la nuit et un repas le lendemain matin. Si l'individu est dénué de toute ressource, il peut payer son logement et sa nourriture en travaillant le lendemain dans le chantier de l'asile.

### G. — *Suède* (1)

Le Code pénal suédois du 16 février 1864 a été modifié, en ce qui concerne le vagabondage, par les lois du 9 juin 1871 et du 12 juin 1885.

Est considéré comme vagabond : « Tout individu errant oisif d'une localité à une autre, sans moyen d'existence, quand aucune circonstance ne permet de présumer qu'il cherche, en réalité, du travail (2). »

Pour apprécier, à cet égard, la bonne volonté de l'in-

---

(1) Bien que réunies dans un même empire depuis le 14 novembre 1814, la Suède et la Norvège ont conservé leur législation propre, que nous examinerons successivement.

(2) Loi du 12 juin 1885.

dividu, on a imaginé le système de l'avertissement judiciaire donné à toute personne surprise pour la première fois en état de vagabondage (1). Si cette même personne est de nouveau arrêtée dans un délai de moins de deux ans, elle est condamnée au travail forcé dans une station centrale de travail, pour une durée de un mois à un an. Dans le cas de récidive, ou s'il existe des circonstances aggravantes, cette peine peut être portée à un maximum de trois ans.

Les stations centrales de travail forcé sont au nombre de sept. Les reclus sont employés à la taille des pierres, la menuiserie, la cordonnerie, le métier de tailleur et les travaux intérieurs.

Il n'existe pas de rémunération proprement dite ; seule, une prime pouvant s'élever à 0 fr. 52 par jour, peut être attribuée au condamné comme récompense de sa bonne conduite et de son travail. La moitié de cette prime est placée à la caisse d'épargne postale, pour être touchée seulement après la libération et par fractions.

Quant aux enfants mineurs, aux vieillards et aux infirmes, la loi reconnaît leur droit à l'assistance publique et chaque commune a la charge de pourvoir aux besoins de

(1) Lors de la discussion au Sénat de l'article 4 § 4 de la loi sur les récidivistes du 27 mai 1885, M. le général Robert, inspiré sans doute par la législation suédoise, avait proposé un amendement tendant à introduire le système de l'avertissement dans la loi française, avertissement qui serait intervenu au moment où aurait été prononcée une condamnation pouvant entraîner la relégation. (*Journal officiel*, 11 février 1885, Déb. parl., p. 105.)

ses pauvres. Les petites communes ont le droit de se syndiquer en *districts d'assistance* pour faire face à cette dépense et établir à frais communs des maisons de retraite ou hospices. Certaines communes ont même créé des établissements agricoles.

Il existe aussi un bureau de placement organisé à Stockholm en 1890 par la Société de bienfaisance privée et qui procure, dans deux ateliers, un travail provisoire aux individus sans ressources, en attendant leur placement chez des particuliers.

### D. — *Norvège*

En Norvège comme en Suède, le vagabondage n'est pas réglementé par le Code pénal, mais par une loi spéciale du 6 juin 1863.

D'après cette loi, est considéré comme vagabond celui qui se livre à l'oisiveté et à l'ivrognerie, et par cela même, est dans l'incapacité de subvenir à ses besoins et à ceux de sa famille.

C'est l'autorité administrative qui statue et renvoie le contrevenant dans une maison de travail forcé. Le vagabond peut d'ailleurs être libéré s'il prouve qu'il peut gagner sa vie ou s'il donne des gages sérieux de relèvement moral.

La Norvège possède huit maisons de travail, toutes communales.

Les frais d'entretien des vagabonds détenus sont à la charge de l'Etat.

Quant aux vagabonds invalides, ils sont secourus par la commune où ils se trouvent ; celle-ci pouvant exercer son recours contre celle du domicile de secours ou, si tout domicile de secours est perdu, contre l'Etat (1).

Les individus sans ressources mais domiciliés doivent recevoir des secours de leur commune. S'ils sont valides, on leur procure du travail ; s'ils sont invalides, on leur donne de l'argent, des vêtements et des aliments.

## CHAPITRE VI

### Italie

Le Code pénal italien du 30 juin 1889, qui constitue une des œuvres les plus remarquables du droit moderne, réprime la mendicité très nettement et très complètement, mais il reste muet sur le vagabondage (2). Peut-être le législateur italien a-t-il considéré cette question comme suffisamment traitée dans la loi du 28 décembre 1888 et peut-être a-t-il estimé aussi qu'en raison de ses éléments constitutifs, le vagabondage relevait plutôt du domaine de la police que de celui de la justice.

(1) Le domicile de secours s'acquiert par la naissance ou par un séjour de deux ans.

(2) F. Rivière, loc. cit.

Nous retrouvons, avec la loi du 23 décembre 1888, le principe de l'avertissement établi en Suède. Cet avertissement n'intervient qu'à la première arrestation. Lorsqu'un vagabond est arrêté, le chef de bureau de la sécurité publique de la province où a eu lieu l'arrestation doit transmettre un rapport à ce sujet au président du tribunal, qui est tenu de statuer dans un délai de cinq à dix jours. Par l'avertissement, le président ordonne au vagabond de se mettre à travailler dans un délai convenable, à prendre une demeure fixe, en la faisant connaître à l'autorité locale chargée de la sécurité publique.

Si, dans le délai de deux ans qui a suivi cet avertissement, le même individu est arrêté de nouveau, il encourt une peine d'emprisonnement d'un an au maximum et qui peut être portée à deux ans en cas de récidive. En outre, le délinquant peut être soumis à la surveillance de l'autorité chargée de la sécurité publique.

Enfin, il existe une peine particulière édictée par les articles 124 et 131 de la loi de 1888 contre les vagabonds incorrigibles qui ont contrevenu plusieurs fois à l'ordonnance d'avertissement : c'est le confinement (domicilio coato) pour une durée de un à cinq ans. Le confinement consiste dans le renvoi, soit dans une commune désignée, soit dans une colonie établie dans les diverses îles de la Méditerranée et de l'Adriatique.

Malheureusement ce n'est là qu'une aggravation du mal, car la liberté dont jouissent les *coati* et l'absence du travail imposé ne permettent pas le relèvement moral de ces condamnés qui deviennent ainsi, à leur libération, un danger sérieux pour les pays voisins.

Quant aux vagabonds mineurs de dix-huit ans, ils sont remis à leurs parents avec ordre de veiller à leur conduite, sous peine d'une amende pouvant s'élever à mille francs et de la perte des droits de la puissance paternelle. Si le mineur n'a ni parent ni tuteur, il est placé jusqu'à sa majorité dans une famille honnête ou dans un établissement d'éducation.

En Italie, les mesures préventives sont fort restreintes. L'administration s'est bornée à faciliter et à aider la création des sociétés de patronage qui, à l'heure actuelle, sont nombreuses et qui cherchent à propager les idées d'assistance par le travail.

En résumé, ce qui manque surtout en Italie, c'est une organisation uniforme permettant d'appliquer rigoureusement les règlements existants.

# CHAPITRE VII

## Espagne et Portugal

### A. — *Espagne*

En Espagne, la crise du vagabondage est moins aiguë que dans les pays dont nous venons d'étudier la législation. D'après M. Rivière (1), il faudrait en rechercher les raisons dans la douceur providentielle du climat, le cercle moins étendu des besoins et le sentiment de fierté qui est un trait distinctif du caractère national.

Aussi on ne trouve pas dans ce pays une organisation réelle de l'assistance. C'est l'usage qui fait loi en cette matière et les secours sont presque exclusivement privés. Il existe de très nombreux bureaux de bienfaisance dont quelques-uns reçoivent une subvention, soit de l'Etat, soit de la province, soit de la commune. Malgré leur caractère privé, ces établissements sont soumis à des visites prescrites par le président du Conseil central ou par le Gouvernement. De leur côté, les évêques peuvent également visiter les établissements situés dans leur diocèse.

Cependant, en vertu d'une loi du 20 juin 1849 et un décret du 27 avril 1875, les provinces doivent s'occuper

(1) *Loc. cit.*

des indigents incapables d'un travail personnel suffisant pour leur subsistance, et elles entretiennent, dans ce but, des hôpitaux et des maisons de refuge (casas de misericordias). En outre, les municipalités ont la charge des pauvres accidentels. Elles possèdent à cet effet des maisons de refuge (casas de refugio), des salles d'asile, des asiles temporaires (hospitalidad passagera) dirigés par les maires et les échevins sous l'autorité du gouverneur de la province.

Quant à la répression, elle est établie par le titre VI du livre II du Code pénal espagnol.

L'article 258 en donne une définition qui diffère de la nôtre en ce sens que le manque de domicile fixe n'est pas un des éléments constitutifs de l'inculpation.

Le vagabond est puni de la peine de l'arrêt majeur ou de la prison correctionnelle en son degré inférieur (1). Cette dernière peine est appliquée dès la première poursuite, aux vagabonds qui changent de domicile sans autorisation, ou fréquentent les maisons de jeux. C'est également celle qui est appliquée en cas de récidive.

La prison correctionnelle, en son degré le plus élevé, est appliquee :

(1) L'arrêt majeur (arresto major) dure de un mois et un jour jusqu'à six mois et se divise en trois degrés : de un jour à dix jours, de dix à vingt jours et de vingt à trente jours. Il est accompagné de travaux forcés partiels et se subit dans un édifice public à ce destiné, au chef-lieu de l'arrondissement du tribunal. L'emprisonnement correctionnel se prolonge de six mois et un jour jusqu'à six ans et se subit de la même manière.

1° Aux vagabonds porteurs d'un déguisement, d'armes ou de fausses clefs ;

2° Aux vagabonds qui entrent, sans autorisation, dans une maison habitée ou dans un lieu fermé.

Enfin l'article 262 a donné au condamné le droit de s'exonérer de sa peine, à quelque époque que ce soit, en fournissant une caution variant de 50 à 250 douros (250 à 1,250 francs). La somme fixée est déposée dans une caisse publique pendant trois ans, et le déposant ou répondant a le droit de demander le remboursement de la somme par lui versée, à charge par lui de livrer le condamné pour l'exécution de l'achèvement de la peine prononcée.

## B. — *Portugal*

Le Code pénal portugais du 16 septembre 1886 réprime le vagabondage de la manière suivante, dans ses articles 256 à 262 :

Tout vagabond est puni d'une peine de six mois de prison correctionnelle et doit, ensuite, être mis à la disposition de l'administration qui lui fournit du travail pour le temps qui paraît convenable.

Cet emprisonnement comprend un travail obligatoire, et la moitié du salaire mérité peut être versée entre les mains du condamné.

En outre, le vagabond qui entre, sans motif, dans quelque habitation ou lieu fermé, qui est saisi déguisé ou porteur d'objets d'une valeur de dix mille reïs ou plus, sans pouvoir justifier quelle en est la provenance, est puni de l'emprisonnement pendant un ou deux ans. A l'expiration de sa peine, il est remis au gouvernement s'il est Portugais, ou expulsé s'il est étranger.

D'après l'article 567 du Code pénal, les vagabonds condamnés peuvent faire cesser leur peine par le dépôt d'un nantissement ou l'offre d'une caution. Mais le gouvernement conserve le droit de leur fixer une résidence et toute tentative de fuite entraîne nécessairement l'exécution complète de la peine.

Un décret du 21 avril 1892 a établi la peine accessoire de la relégation. Le gouvernement a le droit de reléguer, dans les possessions d'outre-mer (1), tout condamné pour vagabondage, valide et âgé de plus de dix-huit ans, qui ne fournira pas caution. La relégation temporaire, dont la durée ne peut pas dépasser douze ans ni être inférieure à trois ans, emporte la résidence dans la colonie pénale et le travail forcé.

Les mineurs vagabonds sont mis à la disposition du gouvernement et ils sont envoyés à l'établissement créé à Bourg-Fernando, province d'Alemtejo, en exécution de la loi du 22 juin 1880. Dans cet établissement, les enfants sont formés aux travaux des champs et aux industries qui s'y rapportent. De plus, un décret du 10 mai 1883 a autorisé la création d'une école industrielle également destinée aux mineurs vagabonds.

(1) Ce sont les possessions africaines qui servent à cet usage.

En Portugal, comme en Espagne, l'assistance n'a pas une réglementation bien déterminée. C'est surtout l'initiative privée qui, en cette matière, joue le principal rôle. Aussi existe-t-il de nombreuses corporations, quelques-unes fort riches, qui reçoivent des subventions de l'État et qui sont soumises à la surveillance de l'administration.

La loi ne reconnaît l'obligation à l'assistance que pour les seuls enfants trouvés et matériellement abandonnés.

Dans presque tous les districts il existe, pour les vieillards et les invalides incapables de travailler, des hospices et des asiles, parmi lesquels il convient de citer ceux de Lisbonne, de Porto et de Vianna.

Citons, en terminant, une loi du 28 mars 1877 par laquelle le gouvernement offre aux gens dénués de ressources, mais non condamnés, les moyens d'aller s'établir dans les possessions portugaises de l'Afrique. Malheureusement cette loi a donné fort peu de résultats.

# CHAPITRE VIII

## Roumanie — Russie — Serbie

### A. — *Roumanie*

Le Code pénal roumain laisse toute liberté au mendiant, mais frappe le vagabond (1).

Dans la section II du chapitre V, la définition française du vagabondage est reproduite, et il y est stipulé que personne ne pourra être déclaré vagabond que par sentence judiciaire et après l'âge de seize ans révolus.

La répression consiste dans une détention d'une durée de six mois à un an dans un établissement public. Là les détenus sont obligés d'apprendre un métier ou de travailler de celui qui leur est propre.

Une disposition spéciale donne à tout condamné pour vagabondage un délai d'un mois pour se procurer un moyen régulier de subsistance ; et s'il justifie y être parvenu, il sera dispensé de l'internement.

Lorsque le vagabondage est accompagné de circonstances aggravantes prévues par l'article 277 du Code

---

(1) En 1895, le procureur de la section près la Cour d'appel de Bucharest a été chargé de poursuivre une enquête, en France et en Belgique, pour étudier les instructions relatives à la mendicité en vigueur dans les deux pays.

pénal français, une peine supplémentaire d'un mois à un an peut être prononcée.

L'assistance est placée sous l'administration des districts et des communes qui sont chargés des secours.

## B. — Russie

En Russie, le vagabondage est l'objet d'une répression sévère et énergique. Sous la désignation générale de vagabond, on entend les vagabonds proprement dits, les fugitifs, les déserteurs et les catégories indiquées dans les articles 954 et 957 du Code pénal russe. Notamment, peut être déclaré vagabond : celui qui séjourne ou passe d'un lieu dans un autre, sans se faire connaître à la police locale ; celui qui n'a pas de passeport régulier ou qui ne peut établir d'une façon sérieuse sa condition civique ou son nom, ou se refuse à l'indiquer.

La sanction est l'envoi dans un établissement de travail pour un temps qui peut s'élever à quatre années. En cas de récidive, dans certaines conditions, le Ministre de l'Intérieur peut prononcer la peine de la transportation en Sibérie ou en d'autres provinces, interdire le séjour de certains lieux ou ordonner la résidence forcée contre les oisifs suspects.

Les principales maisons de travail obligatoire sont situées à Riga, à Revel et à Moscou.

Les jeunes vagabonds mineurs de dix-sept ans sont

placés dans des établissements d'assistance publique ou dans des établissements d'éducation correctionnelle dont la plupart sont agricoles et quelques-uns industriels. Ces établissements appartiennent, les uns à des associations privées, les autres à l'Etat.

Enfin il existe à Saint-Pétersbourg, à Cronstadt, à Pskow, à Smolensk, à Tambow, à Saratow et à Kiew des maisons de travail volontaire ouvertes aux gens dénués de moyens d'existence qui s'y rendent librement.

## C. — *Serbie*

Le vagabondage est classé par le Code pénal serbe (art. 342 à 362) parmi les contraventions de simple police. La pénalité est de dix jours d'emprisonnement.

En outre, à l'expiration de leur peïne, les vagabonds valides doivent trouver de l'ouvrage. S'ils n'y parviennent pas, la police leur indique une occupation qu'ils sont tenus d'accepter.

Les incorrigibles punis plusieurs fois de l'emprisonnement sont expulsés du district où ils demeurent. Les étrangers sont expulsés du royaume.

La vie presque exclusivement agricole des populations serbes empêche le vagabondage d'atteindre de grandes proportions, car tout homme valide peut trouver de l'ouvrage. Aussi n'existe-t-il aucune maison de travail ni publique ni privée.

# CHAPITRE IX

## Suisse

Conformément à la Constitution fédérale suisse, chaque canton possède une législation pénale qui lui est propre. C'est ainsi que pour le vagabondage, les peines répressives et les mesures préventives varient avec les cantons. Cependant, on peut dire que les diverses législations ont, en grande majorité, prévu des peines d'emprisonnement de courte durée contre les vagabonds. Ce n'est que dans les Codes nouvellement refondus et dans les lois spéciales les plus récentes que prévaut la tendance de substituer à ces courtes peines d'emprisonnement un internement pendant un temps prolongé, généralement six mois à deux ans, dans une maison de travail et de correction.

Ces idées semblent prévaloir en Suisse, à l'heure présente, puisque actuellement, dans un projet de Code pénal fédéral devant remplacer les législations particulières, on donne au juge la possibilité de prononcer un internement prolongé dans une maison de travail contre tout vagabond. Cette peine aurait d'ailleurs pour tempérament la libération conditionnelle motivée par une bonne conduite. Enfin, en frappant durement les récidivistes invétérés, ce même projet atteint, par là même, les vagabonds incorrigibles (1).

Il existe déjà en Suisse plusieurs maisons de travail et de correction ; cinq cantons seulement n'en possédaient pas en 1893. Dans toutes, le travail est obligatoire et l'occupation y est généralement agricole.

L'organisation de l'assistance en Suisse laisse à désirer, et il est difficile aux malheureux de bonne volonté de se procurer du travail.

Une loi du 21 janvier 1875 a autorisé, dans le canton de Vaux, les ouvriers sans ressources à demander leur admission à la maison pénitentiaire de Payerne. Mais la promiscuité de repris de justice semble avoir rendu difficile l'application de cette mesure.

En 1889, la Société Arbeiterheim a fondé la colonie ouvrière de Tannenhof, dans le canton de Berne ; 25 à 30 travailleurs volontaires y sont occupés à l'exploitation d'un domaine de 120 arpents.

Enfin, depuis vingt ans, l'organisation des stations de secours en nature, sur le modèle de celles de l'Allemagne, a pris une extension assez grande.

En 1890, il y avait 183 stations ayant reçu 189,858 visiteurs. Il y avait été distribué 227,465 bons représentant une dépense totale de 135,215 francs.

Les ressources des stations sont fournies par des

_______________

(1) D'après ce projet, après plusieurs condamnations à la réclusion, un récidiviste peut être interné pendant dix ou vingt ans.

souscriptions particulières et des subventions des communes et cantons. Dans quelques cantons, on affecte à cette œuvre une part du produit du monopole de l'alcool.

Ajoutons aussi que certains cantons frontières ont noué des relations avec les pays voisins, et notamment avec l'union badoise, à l'effet de créer ces secours.

## CHAPITRE X

### Brésil (1)

D'après l'article 295 du Code brésilien, une détention de huit à vingt-quatre jours est seulement prononcée contre tout individu qui ne prend pas une occupation honnête et utile, de laquelle il puisse subsister, après en avoir été averti par le juge de paix, lorsqu'il n'a pas de revenus suffisants.

Avec l'étude de la Législation brésilienne, se termine la deuxième partie de notre travail.

(1) Bien que nous ayons borné notre examen des législations étrangères aux seules législations européennes, nous avons cru utile d'indiquer sommairement quelle était, sur le sujet qui nous occupe, la loi au Brésil, autant en raison de son originalité que parce qu'au cours de nos recherches, c'est le seul pays, en dehors de l'Europe, dont la législation nous ait été indiquée.

En résumé, tous les Etats européens, sauf deux, possèdent dans leurs législations des dispositions relatives au vagabondage. Seules la Grèce et la Turquie font exception. Dans ces deux pays, en effet, le vagabondage n'existe pas, en raison même du sentiment profond de solidarité familiale qui y règne, soit parce qu'il est la conséquence des mœurs, soit parce qu'il a son fondement dans la loi religieuse, et constitue ainsi une entrave sérieuse à la vie errante.

Cette constatation établie, que conclure de la revue que nous venons de faire ? D'une façon générale on peut dire que tous les pays européens ont compris la gravité du mal auquel il y avait lieu de remédier. Ils ont tous vu la nécessité impérieuse, en la matière, de poser le principe de l'assistance à côté de celui de la répression. La plupart, ceux du Nord notamment, ont choisi parmi les moyens d'assistance le meilleur : le travail ; et en organisant, en même temps, une répression suffisamment sévère pour les seuls vagabonds incorrigibles, ils ont presque atteint le succès dans l'œuvre entreprise. Les autres ont eu l'heureuse idée de s'inspirer d'exemples précieux et de modifier leur législation au fur et à mesure des progrès.

En somme, malgré quelques lacunes, la législation européenne a été heureusement conçue.

La comparaison qui naît forcément de l'étude que nous venons de faire avec l'état actuel de la législation française, nous oblige à constater chez nous une infériorité regrettable, dont nous allons trouver les causes dans la critique détaillée des dispositions de notre Code pénal relatives au vagabondage.

# TROISIÈME PARTIE

---

# RÉFORMES ET PROJETS

---

## CHAPITRE Ier

### Critique de la législation actuelle

Lorsqu'une réforme législative est à l'ordre du jour, il se trouve toujours quelques esprits craintifs ou avisés pour en contester l'utilité et l'urgence. Or celle qui nous occupe à l'heure actuelle offre le spectacle peut-être unique de l'unanimité la plus complète, dans les appréciations qu'elle soulève chez ceux qui en ont étudié le principe : auteurs classiques (1), penseurs, criminalistes, législateurs, tous, avec un accord parfait, ont réclamé instamment, soit dans les ouvrages de droit criminel ou dans des traités spéciaux, soit dans les

---

(1) Chauveau, Faustin-Hélie, Blanche, Garraud.

Congrès pénitentiaires, soit au Parlement, une réforme totale des dispositions pénales relatives au vagabondage.

Nul doute, par conséquent, la loi française est défectueuse.

### § 1. — *Critique de l'art. 270 C. P.*

Après avoir établi le principe que le vagabondage est une infraction à la loi pénale, le législateur donne la définition suivante de celui qu'il entend considérer comme vagabond et punir comme tel :

« Les vagabonds ou gens sans aveu, dit l'article 270 « du Code pénal, sont ceux qui n'ont ni domicile certain « ni moyen de subsistance, et qui n'exercent, habituel- « lement, ni métier ni profession ».

A notre avis, c'est là une définition incomplète ou tout au moins conçue en termes trop généraux et insuffisamment précis. Il est évident, ainsi que nous l'avons vu, que l'absence de domicile, de ressources et de profession habituelle, constitue une manière d'être socialement dangereuse et il est juste de frapper celui qui, volontairement, se trouve en semblable situation. Mais est-ce toujours volontairement qu'un individu peut être sans domicile certain, sans moyens de subsistance et sans une profession qu'il devrait exercer habituellement (1), et peut-il toujours être rendu responsable, rigoureusement et pénalement, d'un pareil état ?

---

(1) Nous donnons à ces termes le sens rigoureux que leur donne la jurisprudence.

Tout en constatant que dans la majorité des cas il y a faute uniquement imputable à la personne réunissant les conditions prévues par l'article 270, nous ne croyons pas qu'il soit possible de déduire de cette constatation une règle générale et absolue. A notre avis, l'esprit le plus sévère concevra difficilement qu'à un moment donné de l'existence un être quelconque ne puisse pas être, même pendant un certain temps, sans domicile, sans ressources, sans profession, par le seul fait d'une cause purement accidentelle et inévitable.

Quel est le Procureur de la République qui ne pourrait, sur ce point, apporter des exemples nombreux et probants ? Il ne se passe pas de mois sans qu'on amène devant ces magistrats, de ces malheureuses victimes d'une mauvaise fortune, n'ayant commis d'autres fautes que celle d'être mal armées pour la lutte de la vie. C'est souvent un orphelin sortant du régiment, où, à défaut d'une instruction suffisante, il n'a pu rengager, qui se trouve immédiatement sans ressources, sans appui, ayant pour tout métier celui de manœuvre, c'est-à-dire le plus ingrat, puisque la mauvaise saison l'empêche presque toujours de l'exercer. Il va de chantier en chantier jusqu'au moment où, ayant épuisé son faible pécule, il se trouve en face d'un gendarme que le décret du 1er mars 1854 rend inflexible, puisqu'il se trouve bien là en présence d'un individu qui « n'a ni domicile « certain ni moyen d'existence, et qui n'exerce habituel- « lement ni métier ni profession ». Alors commence pour l'infortuné un douloureux calvaire : amené de bourgade en bourgade, les menottes aux mains, jusqu'au Parquet de la ville voisine, il se voit, après interrogatoire, écroué à la prison pendant deux ou trois jours en attendant la confirmation des réponses qu'il a faites. Est-ce qu'à celui-ci les pénalités de l'article 271 sont rigoureusement applicables ? Evidemment oui, puisqu'aucune disposition restrictive de la loi pénale ne vise son cas.

Il est bien certain, qu'en fait, il ne se trouvera pas un chef de Parquet pour renvoyer un semblable malheureux devant un tribunal. De tout temps il y a eu dans le cœur des magistrats du ministère public une large place pour la bienveillance et ils n'ont point attendu la parole de miséricorde prononcée par M. le Garde des Sceaux Lebret, dans sa circulaire du 2 mai 1899, pour « tenir « largement compte, en cette matière, des considérations « de bon sens et d'humanité et épargner l'application « inexorable de la loi à nombre de nécessiteux, pour « lesquels la pitié n'est qu'une forme de la justice ».

Mais il n'en est pas moins vrai qu'en l'espèce notre « vagabond involontaire » aura été l'objet d'une arrestation légalement faite, par les agents de la force publique, et qu'il aura dû subir en prison une promiscuité aussi humiliante que dangereuse. Il n'est pas moins certain également que ce malheureux, remis en liberté, devra reprendre son inutile pèlerinage, à l'aventure et sans ressources, repoussé par les craintifs et les indifférents, à cause de son extérieur misérable, et risquant, devant chaque caserne de gendarmerie, une nouvelle arrestation.

Mais si le manque de précision de l'article 270 est cause, parfois, d'une répression excessive, est-ce qu'au moins la définition qui s'y trouve permet d'atteindre et de frapper tous les vrais vagabonds sans exception, tous les vagabonds dangereux ?... Pas davantage ! Là encore nous sommes obligés de constater les effets regrettables d'une rédaction insuffisante. Et s'il arrive d'assister à des arrestations de malheureux inoffensifs, il n'arrive pas moins souvent de voir les magistrats désarmés en présence de gens sans aveu, de véritables vagabonds : « Tout dernièrement, écrit M. le substitut Chanteau (1), « on nous amenait des jeunes gens de dix-huit à vingt « ans, paresseux invétérés, francs vagabonds, que nous « dûmes relâcher parce qu'ils avaient un domicile, « celui de leurs parents, et qu'ils en faisaient la preuve... « Vis-à-vis d'eux le magistrat demeure désarmé, grâce « à une disposition qui, dans l'espèce, n'est qu'une « fiction. »

Ce sont là des conséquences fâcheuses de l'application stricte de l'article 270. Nous avions donc raison de dire que la définition qui s'y trouve est conçue dans des termes insuffisamment précis. Ce n'est pas seulement les trois conditions prévues par cet article qui, réunies

---

(1) Fernand CHANTEAU, *Les plaies sociales; vagabondage et mendicité*, p. 150.

chez un même individu, doivent en faire un délinquant.
Il faut un autre élément, un élément intentionnel, nettement indiqué et formulé dans la loi. En un mot, pour
employer les expressions dont on s'est beaucoup servi
dans ces dernières années, ce sont les professionnels
seuls qui doivent être visés et atteints par les textes, ce
sont ceux qui, de parti pris, se mettent en dehors de la
société et constituent pour elle un véritable danger.

Une nouvelle définition du vagabond s'impose donc,
puisque celle de l'article 270 rend la répression injuste
dans certains cas, et impossible dans certains autres.

Nous verrons plus loin les rédactions qui ont été proposées jusqu'alors.

## § 2. — *Critique de l'article 271*

Dans son paragraphe premier, l'article 271 décide
que « les vagabonds ou gens sans aveu qui auront été
« légalement déclarés tels, seront, pour ce seul fait,
« punis de trois à six mois d'emprisonnement. Ils seront
« renvoyés, après avoir subi leur peine, sous la surveil-
« lance de la haute police pendant cinq ans au moins et
« dix ans au plus ».

Ainsi établie, la répression nous paraît insuffisante et
inefficace : insuffisante, parce que la peine édictée n'est
ni afflictive ni réformatrice, c'est-à-dire « pas assez
« rigoureuse pour constituer un châtiment sérieux et
« pas assez bien organisée, dans son exécution, pour

« produire l'amendement moral du condamné (1) ». Ce sont donc deux qualités essentielles à toute peine qui font défaut à celle prononcée contre les vagabonds.

A première vue il pourrait paraître exagéré de dire que trois à six mois d'emprisonnement ne sont pas une peine suffisamment rigoureuse pour réprimer le vagabondage. Rien n'est plus vrai cependant et les résultats obtenus le prouvent. Il n'y a pas un tribunal qui n'ait vu comparaître devant lui des individus ayant à leur casier judiciaire trente, quarante et même cinquante condamnations, dont quelques-unes seulement n'ont pas été encourues du chef de vagabondage. Il est juste d'ajouter que bien rarement ces condamnations approchent du maximum, ou même atteignent trois mois. A quelle cause faut-il donc attribuer une telle impuissance ? — A notre avis, uniquement au régime des prisons de courtes peines où sont presque toujours détenus les condamnés pour vagabondage. C'est le décret du 11 novembre 1885 qui a réglementé cette matière et, sans entrer dans les détails, on doit se demander cependant si le but qu'il avait à atteindre n'a pas été dépassé. Certes il était humain de remplacer l'odieux système pénitentiaire d'autrefois, mais il eut été sage de ne pas faire des maisons d'arrêt des sortes de refuges hospitaliers. C'est en effet ainsi que les considèrent la plupart de ceux qui y sont détenus comme vagabonds, puisque

(1) V. NORMAND, *loc. cit.*, p. 172.

presque toutes leurs nombreuses condamnations ont
pour date l'époque de la mauvaise saison et émanent
généralement d'un tribunal à côté duquel n'existe point
de prison cellulaire, mais seulement une maison d'arrêt
bien aménagée (1). Là en effet ces détenus vivent en
commun sous une surveillance restreinte et sont fort peu
occupés à des travaux faciles. Ils reçoivent une nourriture très suffisante et couchent, la nuit, dans un lit qui
leur fait oublier la paille des fermes ou les fossés des
grandes routes. Si par hasard leurs prévisions ont été
trompées et qu'ils soient envoyés dans une prison cellulaire (2) où les attend un régime sévère, ils font alors appel
du jugement qui les a frappés, ce qui leur permet d'être
transférés (par chemin de fer, dans un compartiment de
2ᵉ classe) au chef-lieu de la Cour et là, de bénéficier des
avantages accordés à leur situation de prévenus. Ils passent ainsi la plus grande durée de leur peine, la prison
préventive étant imputée sur la durée de la condamnation prononcée.

Nous comprenons donc très bien la prédilection mar-

(1) A la date du 1ᵉʳ mars 1888, M. le Procureur général près la Cour
d'appel de Rouen faisait paraître un rapport publié par la *Gazette des
Tribunaux* et dont les observations, visant la prison de Bonne-Nouvelle
de Rouen, pourraient s'appliquer à toutes les régions pénitentiaires de la
France, puisque malheureusement la loi du 5 juin 1875 prescrivant le régime cellulaire dans toutes les prisons n'a point reçu une application
générale.

(2) Nous avons eu l'occasion d'interroger, à ce sujet, deux anciens gardiens de prison cellulaire qui nous ont confirmé entièrement ce que nous
avançons, ayant remarqué, tous les deux, quelle crainte le régime cellulaire inspirait aux vagabonds.

quée de tous ces paresseux invétérés pour un emprisonnement qui contrarie aussi faiblement leurs mauvais penchants. Non-seulement tous ne redoutent pas cette condamnation, mais beaucoup d'entre eux la désirent et particulièrement, comme nous l'indiquions plus haut, à l'entrée de l'hiver ; aussi sont-ils fort déçus, lorsqu'après leur interrogatoire, un doute apparaît sur leur situation délictueuse et qu'au lieu d'un ordre d'écrou, c'est un ordre de relaxe qui est rendu en leur faveur. C'est alors qu'ils emploient les ruses que leur suggère leur expérience de récidivistes et qu'à peine sortis du parquet, ils brisent les vitres d'un reverbère ou bien outragent des agents et rendent ainsi nécessaires des poursuites qui, cette fois, aboutiront au résultat désiré (1). D'autres, plus avisés encore, pour être plus sûrs de leur incarcération immédiate, se livrent à des actes délictueux au cours de leur transfert de la localité où ils ont été arrêtés au chef-lieu du tribunal, opposant un refus de marcher qui leur permettra de répondre par des injures à l'insistance des gendarmes de l'escorte.

On pourrait ainsi multiplier à l'infini les exemples, car chaque tribunal a le sien. Mais aussi bien ce serait

---

(1) M. le conseiller du Puy (*loc. cit.*, p. 23) cite l'exemple d'un tribunal de Normandie qui, à chaque audience correctionnelle, prononçait des condamnations pour dégradations de monuments publics contre des vagabonds chez lesquels la maison d'arrêt du chef-lieu jouissait d'une réputation avantageuse. Pour mettre fin à de pareils abus, ce même tribunal a pris le parti de condamner tous ces casseurs de lanternes à une peine supérieure à un an de prison, lorsqu'ils sont récidivistes.

peine inutile puisque la preuve de l'inefficacité d'une semblable répression est déjà faite.

Dès maintenant, il est aisé de comprendre que, dans de tels établissements, l'amendement moral des condamnés soit difficilement réalisable.

A l'heure actuelle, après les travaux des congrès et surtout après les expériences tentées dans les différents pays dont nous avons étudié la législation, il est hors de doute que le meilleur moyen de relèvement du vagabond est le travail, puisque c'est le manque de travail qui l'a fait ce qu'il est. Il importe donc de faire renaître, chez lui, un goût qui en a complètement disparu.

Le principe de l'obligation au travail a été établi par le décret du 11 novembre 1885 qui, dans son article 70, décide que « des travaux seront organisés dans chaque « prison, de manière à ne laisser oisif aucun condamné ». Chaque prison, chaque maison d'arrêt a passé, avec un entrepreneur, un traité ratifié par l'administration préfectorale et l'administration pénitentiaire, en vertu duquel les travaux effectués par les détenus lui sont fournis sous certaines conditions déterminées. Malheureusement, si le principe est bon, l'application en est défectueuse. En effet le travail manque souvent, dans les maisons d'arrêt notamment, et lorsque des travaux sont entrepris, ils sont de nature telle, que les détenus, après leur libération, ne peuvent utiliser ce qu'ils ont appris. Le plus souvent ces travaux consistent en fabrication de chaussons de lisière, d'arti-

cles de vannerie, de brosses ; le battage d'étoupes qui
est un travail fort malsain, le triage des haricots, l'épluchage de laine sont également les occupations journa-
lières des prisonniers. On voit que ce sont là des travaux
d'une nature toute spéciale dont on ne saurait faire une
profession véritable, pouvant être exercée d'une façon
continue. Il est vrai que chaque détenu peut être employé selon son métier, mais faut-il encore que celui
qu'il exerce rentre dans une des catégorie des travaux
donnés par les entrepreneurs. Or, en fait, il n'en est
presque jamais ainsi, autant par manque de travaux
qu'en raison du très petit nombre de prisonniers ayant
exercé une profession spéciale, un métier d'art par
exemple.

Mais ce qu'il y a de plus grave que le manque de travaux, c'est la vie en commun pendant la durée de détention. Nous savons bien qu'une surveillance sévère est
prescrite et que le silence est rigoureusement ordonné,
mais combien cette surveillance est difficile à exercer.
Le nombre des gardiens est généralement insuffisant et
les maisons d'arrêt, entre autres, ne possèdent qu'un
gardien-chef à qui il est impossible d'être constamment
près des prisonniers. Dans de semblables conditions, il est
donc difficile de sauver le jeune vagabond qui, malgré une
ou deux condamnations, pourrait être ramené facilement
dans la voie du bien, si des moyens sérieux d'amélioration morale étaient employés vis-à-vis de lui. Au lieu de
cela, il n'a sous les yeux que des exemples pernicieux,

il n'entend que les conseils de malfaiteurs incorrigibles et de repris de justice dangereux, pour lesquels il ne tarde pas à devenir un précieux auxiliaire dans « le coup à faire » à la sortie de prison. Quand on interroge les gardiens et les inspecteurs du service pénitentiaire, pas un ne conteste la réalité de ce que nous avançons. Certes il existe dans le décret de 1885 des dispositions tendant à remédier à ces graves inconvénients : un instituteur, ou à son défaut le gardien chef, doit donner un enseignement aux illettrés ; — des conférences peuvent être faites, soit par des hommes de lettres, soit par des avocats de bonne volonté ; des lectures à haute voix sont ordonnées pendant le repas et le soir au dortoir ; enfin une bibliothèque (1) est mise à la disposition des détenus pendant le dimanche. Mais hélas ! ce sont là des facteurs de moralisation bien insuffisants, surtout parce qu'ils sont très rarement employés.

Il paraît difficile qu'après avoir été soumis à un pareil régime, le condamné pour vagabondage puisse, une fois libéré, adopter un genre de vie irréprochable (2),

(1) Nous avons eu la curiosité de parcourir le catalogue d'une de ces bibliothèques et nous n'avons pas été peu surpris d'y trouver entr'autres ouvrages : *Les Provinciales*, *Le Cid*, *Télémaque*, *le Bourgeois gentilhomme*, *Justice et Charité*, par Victor Cousin ; *les Délassements du travail* ; *les Dangers de l'alcoolisme*, etc... Nous devons ajouter que le registre à ce destiné ne mentionnait aucune sortie de l'un de ces ouvrages.

(2) L'art. 273 § 1 C. P. a édicté une prescription qui pourrait permettre d'éviter au vagabond condamné un entraînement néfaste ; mais cette mesure est d'une application nulle, car depuis cinquante ans, pas un condamné n'a été réclamé par sa commune dans les conditions prévues par cet article.

quand par hasard il n'a pas subi l'influence néfaste de
ses codétenus. En effet, il sort de prison ayant pour
tout papier d'identité le billet de sortie que le gardien-
chef lui délivre et qui le fait repousser avec terreur par
le patron auquel il demande de l'ouvrage. Le petit pécule
qu'il a gagné pendant sa détention est vite épuisé, car
le plus souvent il est peu élevé, un détenu pouvant très
difficilement parvenir à gagner un franc par jour (1).

On nous objectera qu'il existe des sociétés de patronage auxquelles les libérés peuvent s'adresser. Nous
n'oublions point l'œuvre si noble entreprise par ces
sociétés (2) et nous savons que grâce à elles, bien des
malheureux ont été sauvés. Mais hélas ! tous les arrondissements n'en possèdent pas, et, mal secondées dans leurs
efforts, celles qui existent ne disposent souvent que de
trop faibles ressources.

Le législateur de 1810 ne s'était pas contenté d'édic-
ter une peine d'emprisonnement contre le vagabond,
il avait songé également à la légitimer en faisant
intervenir une disposition qu'il considérait comme un
moyen préventif employé pour éviter de nouvelles
chutes. Il mettait à la disposition du gouvernement

(1) Le tarif des travaux exécutés par les prisonniers est à peu près
uniforme dans toutes les maisons de détention. Il est fort peu élevé.
C'est ainsi que le cuisinier touche 0 fr. 50 par jour ; le détenu employé au
rempaillage des chaises touche 0 fr. 40 par chaise. L'effilochage des étoupes
est payé 0 fr. 10 le kilogramme ; le coupage de paille 0 fr. 20 ; le triage des
haricots 0 fr. 25 et l'épluchage des laines 0 fr. 20.

(2) M. Félix Voisin, l'éminent conseiller à la cour de cassation, pour-
suit depuis longtemps l'œuvre philanthropique du patronage des libérés.

l'individu ayant subi une peine encourue pour vagabondage (1). En 1832, la Chambre des Pairs crut devoir
remplacer cette disposition par le renvoi sous la surveillance de la haute police. Cette mesure inefficace et
illusoire a été supprimée, à son tour, par l'article 19 de
la loi du 27 mai 1885 qui a prononcé l'interdiction, pour
le condamné, de paraître dans certains lieux que lui
désigne le gouvernement. Autant le législateur de 1810
avait bien compris quelle devait être la véritable nature
des dispositions relatives au vagabondage, autant celui
de 1884 s'est-il mal inspiré des leçons de l'expérience,
en établissant l'interdiction de séjour. En effet, après
l'expérience de la loi du 28 avril 1832, on aurait dû
poursuivre le but primitif en remontant à la cause du
mal. Cela eut été d'autant plus facile, que la disposition
de l'article 271, tel qu'il était conçu en 1810, contenait
en germe toutes les mesures qui pouvaient améliorer la
condition du condamné.

Au contraire, on a préféré une mesure qui ne pare
en rien à l'extension du vagabondage et qui d'ailleurs
est bien rarement appliquée. Elle n'est, en effet, destinée
qu'à éloigner certains individus dangereux d'un petit
nombre de grandes villes, de centres ouvriers et de
ports de mer. Or cette prohibition est souvent violée et,
quand elle ne l'est pas, elle a pour résultat de rejeter

(1) V. l'exposé des motifs cité plus haut. DALLOZ, *Répert.* V° Vagabondage, Section I. Lois, p. 12.

sur la campagne des individus qui n'y sont pas moins
dangereux qu'à la ville

Si après les constatations que nous venons de faire,
on se rappelle les chiffres que la statistique nous a
révélés, il est facile de se rendre compte de la complète inefficacité du système répressif que nous venons
d'étudier. Et, en résumé, nous ne saurions mieux conclure,
sur ce sujet, qu'en empruntant à nouveau les expressions si précises dont nous nous servions au début de ce
paragraphe, pour caractériser les pénalités de l'article
271 § 1. La répression actuelle du vagabondage n'est
pas « assez rigoureuse pour constituer un châtiment
« sérieux, et pas assez bien organisée, dans son exécu-
« tion, pour produire l'amendement moral du con-
« damné. »

### § 3. — *Critique de l'article 271 § 2.*

Le législateur de 1832 n'a pas été plus heureux en ce
qui concerne les enfants vagabonds. Dans son paragraphe 2, l'article 271 (1) décide que « les vagabonds
« âgés de moins de seize ans ne pourront être con-
« damnés à la peine d'emprisonnement; mais sur la
« preuve des faits de vagabondage, ils seront renvoyés
« sous la surveillance de la haute police jusqu'à l'âge
« de vingt ans accomplis, à moins qu'avant cet âge ils

(1) Ce paragraphe de l'article 271 a été introduit par la loi du 28 avril
1832.

« n'aient contracté un engagement régulier dans les
« armées de terre ou de mer ». La peine de la surveillance de la haute police ayant été supprimée, c'est celle
de l'interdiction de séjour qui est alors encourue (1).

Ainsi donc, au point de vue de la répression, les
mineurs vagabonds sont classés en deux catégories :
les mineurs de plus de seize ans sont soumis au droit
commun ; et les mineurs de moins de seize ans encou-
rent l'unique peine de l'interdiction de séjour.

Tout d'abord, avant même d'entrer dans les détails,
on peut se demander comment il est possible de concilier les prescriptions de notre Code pénal avec la logique
et l'équité. Nous connaissons, en effet, les conditions
exigées par l'article 270 pour qu'un individu soit déclaré
légalement vagabond, or, le mineur n'a pas légalement
d'autre domicile que celui de ses parents ou tuteur, et
les parents ou tuteur sont tenus, dans une certaine
mesure, de fournir au mineur des moyens de subsistance.
A moins que l'enfant ait déserté lui même (2) le domicile
paternel, il paraît injuste de lui reprocher de n'en point
avoir.

Nous n'avons point à aborder ici la question de la

(1) Un arrêt de la Cour de cassation du 30 juin 1892 a décidé que la
disposition édictée par l'article 19 de la loi du 27 mai 1885 « était générale
« et s'appliquait à tous les cas où la surveillance de la haute police était pro-
« noncée, sans qu'il y eut à distinguer si c'était comme peine principale et
« unique, ou comme peine accessoire ».

(2) Nous avons vu plus haut que, même dans ce cas, il est souvent
difficile d'atteindre un mineur vagabond véritablement coupable.

responsabilité pénale chez l'enfant. Elle n'entre pas dans le cadre de notre sujet, aussi ne discuterons-nous pas le point de savoir si c'est à tort ou à raison que le législateur a fixé à seize ans l'âge de cette responsabilité (1). Nous nous bornerons à critiquer les mesures répressives concernant le vagabondage du mineur, sans revenir sur ce que nous avons déjà dit dans le paragraphe précédent, estimant que si pour l'adulte la répression de l'article 271 § 1 est mauvaise, à *fortiori* elle doit l'être pour le mineur. Nous n'avons donc à examiner, dès maintenant, que la peine d'interdiction de séjour édictée par l'article 271 § 2.

M. Wulfran Jauffret, avocat, secrétaire général du Comité de défense des enfants (de Marseille) traduits en justice, disait fort justement, dans un discours du 2 avril 1898, que si « chez l'adulte, le vagabondage peut, sinon « se justifier, du moins s'expliquer, chez l'enfant il est « intolérable (2) ».

Mais comment le réprimer ?

Nous examinerons ce point-là plus loin et nous verrons si, en cette matière, la prévention ne s'impose pas davantage que la répression.

Pour l'instant nous nous trouvons en présence d'une

---

(1) Nous ne sommes point éloigné d'admettre, à ce sujet, les théories émises par un de nos collègues du tribunal du Havre, dans une thèse récemment soutenue devant la Faculté de droit de Poitiers en 1898 (*Etude sur la condition des mineurs en droit pénal, dans les diverses législations anciennes et modernes*, par Vigneron d'Heucqueville).

(2) Dr Pey, *loc. cit.*, p. 75.

répression unique : l'interdiction de séjour. Nous avons vu combien cette peine était inefficace pour les vagabonds adultes ; or, pour les mineurs elle ne peut se justifier. Comment, en effet, concevoir son application contre eux ?

Ce sont surtout les enfants des villes qui forment le contingent des vagabonds précoces. Et alors, ou bien leurs parents habitent une de ces nombreuses localités dont le séjour est interdit, et le remède sera pire que le mal, puisqu'il éloignera l'enfant du domicile paternel ; ou bien le séjour chez les parents sera légalement possible, et la répression devient illusoire, parce que l'interdiction de séjour ne gênera en rien et ne privera pas l'enfant qui n'a que faire dans une grande ville, un centre ouvrier ou un port de mer.

Nous n'insisterons point sur le tempérament apporté à cette mesure répressive dans la partie finale de l'article 271 § 2. A notre avis, encourager un engagement militaire chez un enfant dominé par des instincts pervers n'est pas un bon moyen préventif.. Considéré comme suspect d'indiscipline, dès son arrivée au régiment, un tel « engagé » se voit généralement l'objet d'une sévérité toute spéciale, de la part de chefs défiants et ne pouvant pas ainsi concilier les rigoureuses exigences des règlements militaires avec la délicatesse dont l'éducation morale d'un semblable individu doit être entourée.

Avant de terminer ce paragraphe, nous devons ajouter que tout récemment on a essayé d'arrêter, par une

disposition législative, le recrutement des jeunes vagabonds. La loi du 19 avril 1898 atteint les individus qui
facilitent le vagabondage des mineurs, et, de plus, elle
accorde à ceux-ci la protection de la charité privée et
des établissements de bienfaisance, en permettant aux
juges d'instruction et aux tribunaux correctionnels de les
soustraire à la promiscuité des prisons et des maisons
de correction.

Il y a là évidemment une innovation excellente qui
mérite les plus vifs éloges. La voie est ainsi ouverte à
une réforme urgente supprimant des mesures répressives inutiles et impuissantes.

§ 4. — *Inefficacité de la loi du 27 mai 1885
dans ses dispositions relatives au vagabondage*

La loi du 27 mai 1885 sur la relégation des récidivistes a été considérée, au moment de sa promulgation,
comme nous apportant la solution du problème à résoudre. Malheureusement l'étude des dispositions de cette
loi a bien vite suffi pour amener à reconnaître qu'elle ne
serait guère d'une application pratique, en matière de
vagabondage.

Un certain nombre de conditions sont imposées par
cette loi. Pour que la peine de la relégation soit prononcée contre un vagabond (art. 4, § 4). Il faut que le
prévenu ait subi sept condamnations, dans l'espace de
moins de dix années, non comprise la durée des peines

exécutées ; — il faut ensuite que quatre de ces condamnations prononçant des peines de plus de trois mois d'emprisonnement aient été encourues pour certains délits dans l'énumération desquels ne figure pas le vagabondage simple.

Ceux qui fondaient des espérances sur ces dispositions ont été déçus. L'efficacité de l'article 4 de la loi du 27 mai 1885 est nulle. Les statistiques nous édifient pleinement à ce sujet ; c'est ainsi que nous voyons qu'en 1890, sur 15,167 récidivistes condamnés pour vagabondage, 65 seulement ont été relégués ; et qu'en 1896, le nombre des récidivistes vagabonds étant descendu au chiffre de 12,656, la peine de la relégation n'a été prononcée que contre 29 d'entre eux.

L'application des dispositions de l'article 4, § 4, de la loi du 27 mai 1885 est donc bien restreinte. C'est qu'en effet, il est rare de trouver réunies toutes les conditions exigées par cet article. Comme nous l'avons constaté déjà, les tribunaux prononcent peu de condamnations supérieures à trois mois d'emprisonnement en matière de vagabondage. Ils hésitent, avec raison, à faire subir des peines de longue durée à des individus chez lesquels ils espèrent une amélioration dans la situation morale. Ce n'est que lorsqu'ils rencontrent, plus tard, à leur casier judiciaire, une condamnation nouvelle pour vol, abus de confiance ou escroquerie, qu'ils se montrent plus sévères et font ainsi entrevoir la perspective lointaine de la relégation.

Que de distinctions à faire en pareille matière ! Si les cinq condamnations pour vagabondage ont précédé les deux autres exigées par la loi, le cas est certainement grave ; on se trouve en présence d'un perverti devenu dangereux. Dans un semblable cas, les condamnations encourues atteignent toujours un quantum permettant de les comprendre dans l'énumération de celles qui entraîneront peu après la relégation. Mais supposons l'ordre contraire : c'est un individu condamné d'abord deux fois pour vol, par exemple, et qui depuis s'étant préservé de tout fait nouveau de vol, s'est fait maintes fois arrêter et condamner pour vagabondage simple. N'y a-t-il pas là une sorte de présomption d'amendement ? Ne paraît-il pas excessif de prononcer contre lui une peine aussi rigoureuse que celle de la relégation ? C'est ce que pensent souvent les tribunaux en ne prononçant contre de tels vagabonds que des peines inférieures à trois mois.

En outre, en attendant sept condamnations, dont deux pour crimes ou pour délits spéciaux, la loi ne saisit plus qu'une habitude trop invétérée et, dans ce cas, l'expatriation n'est plus guère utilisable dans la colonie, puisque le relégué est toujours un véritable malfaiteur incapable de bonne volonté.

Il semble donc que le législateur aurait pu tracer des règles moins étroites, permettant d'atteindre plus vite le vagabond malfaiteur et évitant de confondre avec lui des individus qui trouvent souvent, dans une arrestation, un refuge contre le vol ou d'autres tentations plus graves (1).

Mais ce n'est pas tout, la loi du 27 mai 1885 assimile aux vagabonds les individus « qui ne tirent habituelle- « ment leur subsistance que du fait de pratiquer ou de « faciliter l'exercice de jeux illicites ou la prostitution « d'autrui, sur la voie publique ».

A notre avis, cette assimilation est regrettable. On dénature, en effet, le caractère du vagabondage en lui enlevant ainsi deux de ses éléments : l'absence de res- sources et l'absence de domicile. Aussi les conséquences de cette interprétation sont-elles très regrettables. En fait, il est très difficile d'atteindre ces êtres honteux, qualifiés dans le langage usuel de « souteneurs ». Presque toujours, ils arrivent à prouver qu'ils ont un domicile et quelquefois même plusieurs.

De plus, pourquoi assimiler deux situations qui n'ont aucun lien commun, si ce n'est le défaut d'exercice d'un métier honnête?

Enfin, les raisons qui rendent le vagabondage punis- sable ne sont pas les mêmes que celles qui obligent d'atteindre les individus visés par l'article 4, § 4, *in fine,* de la loi de 1885.

Nous avons terminé la critique de la législation ac- tuelle. Nous avons laissé de côté, à dessein, les dispo-

_________

(1) Discours de M. Bérenger, sénateur. (*Journal officiel,* débats par- lementaires, n° du 11 février 1885, p. 103.)

sitions des articles 273, 277, 278, 279 et 281 du Code
pénal. Ces textes ne visent, en effet, que des cas spéciaux, et la sévérité que le législateur y a montrée est
pleinement justifiée par la gravité des actes dangereux
qu'il a entendu réprimer. En ce qui concerne notamment les vagabonds étrangers, la meilleure répression
est bien l'expulsion hors du territoire. On est suffisamment armé contre eux avec les articles 273 du Code
pénal, 7 et 8 de la loi du 3 décembre 1849.

Et maintenant, que conclure ? L'état d'imperfection
de notre législation sur le vagabondage, qui depuis 1810
n'a subi aucune modification heureuse, apparaît très
clairement. Sans aller jusqu'à prétendre, comme certains auteurs l'ont fait, que les dispositions du Code
pénal ne se justifient nullement par les principes supérieurs de justice et de morale, il faut cependant reconnaître que les lacunes que nous y avons constatées sont
regrettables. Nos critiques peuvent se résumer d'un mot :
le système répressif de notre Code pénal est défectueux
parce qu'il est impuissant à châtier efficacement le vagabondage dangereux et que, généralisant trop, il atteint
des malheureux qui ont droit à une assistance sagement
inspirée par les principes de solidarité sociale.

Ce que demandent, à cette heure, ceux qui constatent
la nécessité d'une réforme, c'est qu'on modifie les mesures répressives en leur donnant leur complément logique qu'avaient entrevu et espéré les rédacteurs du
Code : un système d'assistance.

Nous sommes ainsi amené, après avoir critiqué, à indiquer quels pourraient être, à notre avis, les remèdes nouveaux à apporter à un mal aussi ancien et aussi grand.

## CHAPITRE II

### Principes. — Base de la réforme

Se préoccuper de la question du vagabondage, c'est, nous l'avons vu, envisager par un de ses côtés, celle du paupérisme. A cet égard, beaucoup de théories ont été formulées.

Depuis le Christ, qui prêcha avec les philosophes du temps, la loi d'assistance mutuelle devenue une vérité indéniable, jusqu'aux collectivistes modernes qui, en préconisant leurs théories décevantes, excitent de dangereuses convoitises et répandent la croyance en d'irréalisables chimères, les réformateurs de toutes les époques ont cherché à remédier aux misères et aux souffrances humaines.

Loin de nous l'intention de passer en revue les opinions émises ; ce serait sortir des limites de notre sujet. Bornons-nous à constater l'importance des efforts tentés et inspirons-nous des leçons du passé.

Il est donc certain que le vagabondage est un mal social. L'étude de ses causes, les révélations des statistiques, la lutte entreprise par les gouvernements anciens et modernes de tous les pays le prouvent irréfutablement. Or, il en est du mal social comme du mal physique, il est juste autant que prudent de le prévenir, au lieu d'attendre d'avoir à le guérir. C'est là un principe que nous croyons indispensable de formuler dès maintenant. Si la société a le droit de s'inquiéter d'habitudes de vivre qui peuvent devenir un danger pour elle, elle a, avant tout, un devoir à remplir, celui de secourir ceux chez lesquels ces habitudes ne sont que les conséquences d'infortunes imméritées. « Aujourd'hui, plus que jamais, dans notre « société éprise de solidarité humaine et de progrès « social, dit M. l'avocat général Bonnet (1), il serait « incompréhensible que la loi atteignit le malheureux « impuissant à se procurer, par le travail, les ressources « nécessaires, alors qu'aucune assistance n'est légale- « ment organisée. Si la société veut user de son droit de « punir, et elle le doit, si elle veut vivre, il faut que « préalablement elle se soit acquittée du devoir qui est « corrélatif de son droit. »

Pour être complète et efficace, une législation sur le vagabondage doit donc comprendre deux parties distinctes qui se complètent l'une et l'autre : d'un côté l'assistance, de l'autre la répression. Ainsi seront seuls secourus ceux qui, involontairement, sont dans l'impossibilité de subvenir à leur existence ; seront seuls punis ceux qui,

_________

(1) *Loc. cit.*

aux dépens de la collectivité, veulent se soustraire à la loi du travail.

« Le but d'une nouvelle loi sur le vagabondage, dit
« M. Cruppi dans l'exposé des motifs de sa proposi-
« tion (1), peut se définir en quelques mots : tendre la
« main à l'ouvrier victime du chômage, d'une infortune
« privée ou d'une crise industrielle ; lui prodiguer, ainsi
« qu'à l'invalide et à l'infirme, tous les secours matériels
« et moraux que la cité doit à ses enfants. Frapper au
« contraire avec fermeté, parquer et priver des moyens
« de nuire, le vicieux, l'incorrigible, l'antisocial. »

Ces principes formulés, nous sommes amené à établir avec précision, un classement entre les différents individus qui doivent être visés par la réforme que nous préconisons.

Le seul classement qui nous paraisse s'imposer est celui qui divise les vagabonds en trois groupes :

celui des invalides ;

celui des accidentels ou chômeurs involontaires ;

celui des professionnels ;

« classement que nos congrès, nos controverses rajeu-
« nissent, mais qui est aussi ancien que la misère
« humaine (2) ». En effet, n'avons-nous pas vu que Justi-
nien, dans la Novelle 80, avait fait une distinction entre les pauvres valides et les pauvres infirmes. Rappelons

(1) *Journal officiel.* Documents parlementaires. Chambre, annexe n° 651, p. 495.

(2) V. le *Figaro*, n° du 28 mars 1899. Article de M. Cruppi.

également l'édit du 15 juillet 1547 qui divise les mendiants en valides, invalides et malades. Enfin cette division est conforme à la résolution du Vᵉ congrès pénitentiaire international de Paris, et nous verrons que dans tous les projets de loi actuels sur le vagabondage, elle est justement préconisée.

Les individus compris dans la première catégorie doivent être assistés jusqu'à ce qu'ils aient recouvré les forces nécessaires pour subvenir aux besoins de l'existence ; ceux de la seconde relèvent d'une assistance qui sera publique ou privée et qui emploiera pour cela un excellent moyen : le travail ; seuls, ceux de la troisième encourront une répression qui, pour être efficace, devra être sévère.

Nous avons ainsi posé les principes des réformes que nous nous proposons de préconiser.

Nous allons traiter successivement :

1° Des mesures préventives ;

2° Des mesures répressives.

# CHAPITRE III

## Mesures préventives

Nous avons vu en quoi consistaient les mesures préventives qui devaient s'appliquer aux deux premiers groupes du classement que nous avons adopté. Nous avons donc à distinguer entre l'assistance accordée aux invalides et celle à accorder aux valides ou chômeurs involontaires.

### Section I

*Mesures préventives applicables aux invalides*

A vrai dire, une loi sur le vagabondage n'a pas à entrer dans le détail des mesures préventives concernant les invalides absolument incapables de gagner leur vie. Ceux-ci, en effet, ne relèvent que de l'assistance publique (1). C'est à eux que les hospices et les asiles départementaux doivent être ouverts lorsqu'ils ne peuvent être secourus à domicile. « Que la commune, à « défaut de la famille, soit le centre même de l'assis- « tance ; que la charité privée seconde librement l'assis-

(1) En France, l'assistance est publique et n'est pas légale. Elle agit au moyen d'établissements hospitaliers, d'asiles et de placements individuels, suivant les personnes qu'elle doit secourir.

« tance publique. Ce sont là les deux bases sur les-
« quelles doivent reposer les mesures préventives que
« nous voulons indiquer en première ligne » (1).

En pareille matière, il y aurait peu à faire. Nous
sommes persuadé que les hospices actuellement existants n'ont pas besoin d'être augmentés dans de très
grandes proportions, pour recevoir les invalides que ne
peuvent garder les communes. M. le substitut Chanteau (2), qui s'est livré à un calcul à ce sujet, estime
qu'une moyenne de cinquante lits par canton serait largement suffisante.

A côté de ces invalides absolument incapables de
gagner leur vie, il y a ceux plus nombreux pour lesquels cette invalidité n'est que relative.

Tel individu peut être apte à un travail déterminé et
inapte à tel autre, en raison de ses forces physiques ;
« pour un terrassier, une maladie de cœur est un cas
« rédhibitoire, non pour un bijoutier (3) ». Or, un terrassier ne peut exercer le métier de bijoutier. De même
pour les vieillards, qu'il convient de ranger dans cette
catégorie, presque tous ne peuvent se livrer qu'à de
modestes travaux.

Comment donc empêcher ces différents individus de
se livrer à une mendicité vagabonde ? Dans la législa-

---

(1) DRIOUX, Rapport présenté au V⁰ Congrès pénitentiaire international.
Paris, 1895. (*Bulletin de la Commission pénitentiaire internationale*, avril
1895, p. 233.)
(2) *Loc. cit.*, p. 180.
(3) DRIOUX, *loc. cit.*, p. 234.

tion française, le droit aux secours n'existe pas pour eux, bien qu'une loi de l'an II reconnaisse ce droit aux vieillards. Il importe d'ajouter également qu'une loi des 7-13 août 1851, modifiée par celle du 21 mai 1873, donne aux communes la faculté de disposer des revenus des établissements hospitaliers, jusqu'à concurrence du quart (ou du tiers, avec l'autorisation du Conseil général), pour les affecter « au traitement des malades à domicile « et à l'allocation de secours annuels en faveur de « vieillards ou infirmes placés dans leurs familles ». Malheureusement les documents officiels publiés en 1893 démontrent que les communes ne s'imposent presque jamais de sacrifices pour assister les vieillards (1).

En outre, il existe dans chaque commune, ou chaque commune peut établir, un bureau de bienfaisance, en vertu de la loi du 27 novembre 1796. Ces bureaux s'alimentent surtout des revenus de leurs biens propres et de subventions des départements et des communes. La France possédait, en 1885, 14,754 bureaux. Leur influence est bien petite sur la diminution du vagabondage et de la mendicité, car la moyenne des secours distribués a été en 1885 de 15 fr. 80 seulement par indigent. Certaines communes peuvent à peine donner de 0 fr. 10 à 0 fr. 50 par personne nécessiteuse.

---

(1) Ces documents révèlent que 5,000 à 6,000 lits d'hospices sont, chaque année, inoccupés parce que les communes hospitalières ne peuvent pas recevoir gratuitement, sans compromettre l'équilibre de leur budget, les vieillards étrangers à la commune. — Par contre, nombre de lits d'hôpital qui devraient être réservés aux malades sont souvent encombrés d'incurables.

Enfin, à côté des bureaux de bienfaisance, ont été créées des Sociétés de secours mutuels (1). L'œuvre de ces Sociétés est une œuvre d'assistance dans toute l'acception du terme ; aussi pensons-nous que si elles étaient organisées sur des bases suffisamment larges et solides, elles devraient être une arme puissante contre la misère des vieillards et des invalides dont nous nous occupons.

Pour s'en convaincre, il suffit de rappeler les buts poursuivis par ces associations de prévoyance, indiqués dans l'article 1er de la loi du 1er avril 1898. Ce sont les suivants :

1° Assurer à leurs membres participants des secours en cas de maladies, blessures ou infirmités ;

2° Leur constituer des pensions de retraite ;

3° Contracter à leur profit des assurances individuelles ou collectives en cas de vie, de décès ou d'accidents ;

4° Pourvoir aux frais des funérailles et allouer des secours aux descendants, veufs, veuves ou orphelins des membres participants ;

5° Créer ou gérer des offices gratuits de placement au profit de leurs membres.

Depuis longtemps, ces Sociétés ont pris un grand développement, puisque déjà, en 1815, elles étaient au nombre de 59 et qu'en 1848 on en comptait 1,584. — Jusqu'alors le législateur n'était intervenu en cette matière

---

(1) M. Scrullaz, dans son ouvrage, — *Les Sociétés de secours mutuels,* — voit dans l'Erane grec et les Collèges romains l'origine de nos Sociétés de secours mutuels.

que pour entraver leur développement, mais ces derniers chiffres attirèrent définitivement son attention et, par une loi du 13 juillet 1850, il créait un type de Statuts modèles auxquels devaient se conformer les Sociétés de secours mutuels. Mais ce type proposé était un type idéal auquel nombre de Sociétés eurent de la peine à se conformer (1).

Les résultats espérés n'ayant pas été obtenus, des modifications furent alors apportées par les décrets du 26 mars 1852, du 16 avril 1856, du 11 juillet 1868 et enfin du 18 novembre 1870. Cette fréquente intervention du législateur prouve l'importance prise par les Sociétés de secours mutuels. En 1892, ces Sociétés, tant approuvées qu'autorisées et reconnues d'utilité publique, étaient au nombre de 9,662, comprenant 1,503,397 membres et possédant 195,938,177 francs (2).

Après de tels résultats, une organisation nouvelle était nécessaire ; ce fut le but de la loi du 1ᵉʳ avril 1898.

Cette loi est un progrès sérieux réalisé en matière de mutualité, et aussi un acheminement appréciable vers l'organisation de l'assistance telle que nous la souhaitons. En effet, aux termes de l'article 1ᵉʳ, les Sociétés de secours mutuels peuvent, entre autres avantages, assurer à leurs membres et à leurs familles des secours

---

(1) Au moment du vote de la loi du 1ᵉʳ avril 1898, dix Sociétés seulement avaient pu se placer dans le régime de la loi de 1850.

(2) *Bulletin commentaire des Lois nouvelles et Décrets,* n° de décembre 1899, p. 478.

en cas de maladies, blessures ou infirmités ; elles peuvent également donner, en cas de chômage, des allocations servies avec des ressources spéciales et établir des offices gratuits de placement.

En outre, les Sociétés de secours mutuels, tout en restant autonomes, sont autorisées à former, avec d'autres Sociétés, en nombre illimité, sur tout le territoire de la France, des Unions ayant pour objet notamment : l'organisation de soins et de secours pour les infirmes, les invalides et les vieillards ; — l'admission des membres participants qui ont changé de résidence ; — l'organisation d'assurances mutuelles pour les risques divers auxquels les Sociétés se sont engagées à pourvoir, en particulier la création des Caisses de retraites et d'assurances communes à plusieurs Sociétés pour les opérations à long terme et les maladies de longue durée ; — et enfin, le service des placements gratuits. Les Sociétés de secours mutuels peuvent être libres, approuvées ou reconnues d'utilité publique, et, suivant leur mode d'organisation, elles ont des pouvoirs plus ou moins étendus. Mais toutes sont soumises au contrôle d'un Conseil supérieur institué par le Ministre de l'Intérieur, qui doit se rendre compte de la situation de la mutualité en France, et donne des avis sur les progrès qu'il y a lieu de réaliser dans le fonctionnement des Sociétés.

Ce sont là des innovations excellentes et qui peuvent produire les meilleurs résultats. Pour entraver le vagabondage et la mendicité de tous ces infirmes, malades ou vieillards que l'on rencontre partout, il faut en effet un système de secours tel, qu'il puisse leur être applicable, au début même de l'infirmité, de la maladie ou de la vieillesse. Or, nous croyons que ce système peut être mis en pratique par la stricte application des principes de la loi du 1er avril 1898. Chaque commune devrait posséder une Société de secours mutuels ainsi organisée, comprenant sinon l'unanimité, du moins le plus grand nombre de ses habitants. Les plus pauvres d'entre elles s'uniraient aux plus riches, suivant les prescriptions de l'article 8 de la loi de 1898, car ces Unions « présentent cet avantage de permettre aux Sociétés « adhérentes de faire ce qu'elles ne pourraient accom- « plir en restant dans l'isolement, et notamment d'éten- « dre la durée des soins et secours au-delà des limites « fixées dans les statuts de chacune des parties (1) ».

De la sorte, les cotisations de chaque sociétaire pourraient être peu élevées et, par conséquent, pourraient être versées par tous, même par ceux recevant les plus petits salaires. En outre, dans le but d'assurer la distribution de secours aussi larges que possible, les bureaux de bienfaisance verseraient annuellement, aux Sociétés de secours mutuels, des subventions dont l'importance pourrait être d'autant plus grande, qu'ils

(1) Instruction du Président du Conseil, Ministre de l'Intérieur et des Cultes, pour l'exécution de la loi du 1er avril 1898.

auraient, par cela même, moins d'indigents à secourir directement.

Il est juste d'ajouter que les préfets ont été invités, par les instructions ministérielles qui ont suivi le vote de la loi de 1898, à user de toute leur influence pour que les sociétés de secours mutuels soient promptement organisées sur les bases indiquées par le législateur.

« Le nombre est ainsi trop grand, dit la circulaire du « 20 octobre 1898, de ceux qui, par inertie ou par igno-« rance, ne tentent pas de parer aux risques de la vie, « aux conséquences de l'invalidité inéluctable causée « par la vieillesse et qui deviennent les victimes trop « résignées d'une misère pourtant évitable avec un « peu de prévoyance fécondée par la mutualité. C'est, « dans notre démocratie, un devoir impérieux et pri-« mordial pour les représentants de l'autorité gouverne-« mentale, de faire produire tous leurs effets aux insti-« tutions de paix sociale qui tendent à développer la fra-« ternité entre les citoyens et à lutter contre la misère. »

Souhaitons que cet appel soit entendu.

APPENDICE

Nous croyons nécessaire d'examiner ici, une question qui, par son caractère médico-légal, se rattache toute entière à notre sujet. Nous abordons là l'examen de cas évidemment peu fréquents, mais il suffit qu'il y en ait des exemples, pour que nous croyions utile de les signaler avec une précision rendue nécessaire, autant par la gravité des conséquences des actes commis par les individus dont nous allons nous occuper, que par l'absence complète de renseignements sur ce sujet, dans les traités relatifs au vagabondage que nous avons eu à parcourir.

Il s'agit là encore de vagabonds atteints de maladies, qui, au point de vue pathologique, offrent des particularités remarquables. Plusieurs fois des tribunaux ont eu à juger de semblables malades et plusieurs fois aussi, ils ont prononcé contre eux des condamnations, ayant été insuffisamment renseignés sur leur compte.

Ce sont des individus qui se livrent inconsc ..mment au vagabondage, qui font des « fugues », suivant l'expression médicale, poussés qu'ils sont par un invincible besoin de se déplacer. La plupart d'entre eux sont des hystériques ou des épileptiques. « Il est difficile, dit « M. le professeur Gilles de la Tourette, au point de « vue médico-légal, de tracer des règles générales « d'appréciations applicables à tous les cas; chacun « d'eux présente des particularités qui influenceront, « dans un sens opposé, l'opinion des magistrats » (1).

M. le professeur Charcot a prétendu, de son côté, que l'hystéro-neurasthénie serait chose très fréquente parmi les gens sans aveu (2).

(1) GILLES DE LA TOURETTE, *Traité de clinique et thérapeutique de l'hystérie, d'après l'enseignement de la Salpêtrière*, 2e partie, p. 367.

(2) CHARCOT, *Leçons du mardi à la Salpêtrière, Polyclinique*, 1888-1889, p. 285.

Enfin Bénédikt a soutenu, au Congrès d'Anvers de 1885, que les vagabonds professionnels étaient en majeure partie des neurasthéniques et des dégénérés psychiques, des individus sans énergie, sans volonté, soumis à des mouvements périodiques d'exaltation et de dépression.

M. le docteur Pître, doyen de la Faculté de médecine de Bordeaux, a analysé ce qu'on a décrit sous le nom de « fugues » et y a relevé trois séries de faits (1) :

1° Besoin physique de marcher ;

2° Besoin psychique ;

3° Impulsion véritable.

Dans la première, le besoin pur et simple de marcher est quelquefois le seul symptôme.

Dans la seconde, on rencontre quatre variétés d'individus chez lesquels existe le besoin psychique de la marche : une première variété est représentée par les « trimardeurs », gens qui ne travaillent jamais et sont toujours en tournée. Ils ne commettent guère que quelques atteintes contre la petite propriété. C'est la paresse qui les engage à mener cette vie errante.

Les ouvriers errants représentent la deuxième variété.

Quant à la troisième, elle est représentée par les hypocondriaques errants. Ce sont là les individus qui courent les hôpitaux et même les villes, pour se faire débarrasser de maux imaginaires.

(1) *Archives de neurologie*, t. **XXX**, p. 249.

Enfin les aliénés divers, qui se déplacent sous l'influence d'une conception délirante, représentent la quatrième variété.

Dans la troisième série, le docteur Pîtres établit trois subdivisions : 1° *les impulsifs inconscients* qui, à un moment donné, sans raison suffisante, sans délire, sans perte de connaissance, partent et font des fugues dont la durée varie de plusieurs heures à quelques mois ; 2° *les impulsifs hystériques*, qui, d'après M. Voisin, ont, pendant leurs fugues, l'apparence extérieure de personnes normales ; 3° *les impulsifs épileptiques* qui, eux, errent sans but, dans leurs fugues, et délirent souvent ou sont en proie à leur fureur.

En somme, le docteur Pîtres, après examen des différents cas, adopte une division qui peut se résumer ainsi :

1° Individus atteints d'automatisme ambulatoire ;

2° Aliénés voyageurs ;

3° Individus qui ne délirent pas, qui ne sont pas aliénés, mais qui passent, par goût, leur temps sur les routes, à la recherche problématique de travail.

L'automatisme ambulatoire est un syndrome pathologique survenant sous forme d'accès intermittents pendant lesquels certains malades, entraînés par une impulsion irrésistible, quittent leur domicile et entreprennent des courses ou des voyages qu'aucun motif raisonnable ne justifie (1). Un des exemples les plus saisissants d'in-

---

(1) Pîtres. *Leçons cliniques sur l'hystérie et l'hypnotisme faites à l'hôpital Saint-André de Bordeaux*, t. II, p. 268.

dividus atteints de cette affection, est celui cité par le
D' Tissié dans la thèse qu'il a soutenue devant la Faculté
de Bordeaux, en 1887 : — A l'âge de douze ans, un sieur
A. D... s'enfuit de l'usine à gaz de Bordeaux où il était
employé. On le retrouve sur la route d'Arcachon.
Ramené chez ses parents on constate qu'il est hébété et
semble sortir d'un rêve. A partir de cette époque les
fugues se multiplient chez lui. Un jour, on lui confie
cent francs pour aller faire un paiement ; il part et le
lendemain se retrouve en chemin de fer avec un billet
pour Paris, où on l'arrête comme voleur et vagabond. Il
revient à Bordeaux, mais toujours tourmenté par ses
fugues inconscientes, il s'en va ainsi pérégrinant à travers toute la France, l'Algérie, l'Allemagne, la Russie,
l'Autriche, travaillant où il se trouve, puis retournant
encore à Bordeaux. Au cours de ses fugues, il lui
arrive les aventures les plus singulières. A maintes
reprises on le prend pour un malfaiteur, il est expulsé
de Russie comme nihiliste.

M. le D' Pîtres estime qu'une personne atteinte
d'automatisme ambulatoire doit être considérée comme
irresponsable des actes qu'elle accomplit dans cet état.

Les aliénés voyageurs sont des individus qui courent
le monde sous l'influence d'une idée délirante. Entre autres cas, il nous a été cité celui d'un individu interné à
la fin de l'année 1898 à l'hôpital d'Orléans, qui sortait
du dépôt de mendicité de Beaugency et avait subi d'ailleurs plusieurs condamnations pour vagabondage. La

dernière émanait du tribunal de Vannes, qui lui avait infligé une peine de vingt jours d'emprisonnement. Cet homme avait eu certainement des intervalles lucides, mais il voyageait généralement à la recherche d'un héritage qui n'existe que dans son imagination (1).

Enfin il existe un grand nombre d'individus qui ne sont pas aliénés, mais qui passent, par goût, leur temps sur la route, à la recherche problématique d'un travail. C'est chez eux que se rencontre le besoin psychique de la marche.

Pour ces derniers, nous sommes convaincu de leur entière responsabilité, mais nous pensons cependant qu'il y aurait lieu de les surveiller d'assez près, car de l'avis des médecins, ils peuvent devenir facilement des impulsifs, en raison même du genre de vie qu'ils mènent.

Telles sont les quelques observations que nous avons cru devoir présenter sur un sujet intéressant au point de vue médico-légal. Certes, les cas que nous avons signalés sont très rares, mais il suffit de leur constatation pour que nous souhaitions un plus grand nombre de visites médicales dans les prisons, et des examens détaillés et fréquents, par les médecins légistes, des prévenus chez lesquels apparaît le moindre symptôme d'irresponsabilité.

(1) Nous devons ces renseignements à l'obligeance du docteur Jaulin, d'Orléans.

## Section II

### *Mesures préventives applicables aux valides*

Les individus valides, qui, par suite d'infortunes imméritées, deviennent « vagabonds accidentels », sont dignes du plus grand intérêt. S'il est triste de savoir qu'il y a des malades, des infirmes ou des vieillards pour qui les secours sont insuffisants, il est profondément affligeant aussi de rencontrer, dans une société civilisée, des hommes possédant toutes les aptitudes physiques pour le travail, honnêtes et manifestant une évidente bonne volonté, découragés par une mauvaise fortune invincible et réduits, par suite, à attendre les secours aléatoires d'une charité trop souvent capricieuse.

Malheureusement ce spectacle est fréquent, et sans pouvoir donner des chiffres, il est facile de constater que les causes de chômage involontaire sont nombreuses. En Angleterre, une analyse a été faite en 1893 par les soins de l'office du travail, sur le placement des individus sans ouvrage. Sans la reprendre en entier, nous croyons utile, pour les données du problème à résoudre, d'indiquer les causes principales des fluctuations que subit la relation de l'offre et de la demande de travail ; ce sont : les changements de saisons pour certains travaux ; les fluctuations cycliques plus qu'annuelles ; les fluctuations irrégulières tenant à la mode ; les fluctuations locales tendant au déplacement de certaines industries ; les variations temporaires dans le nombre des ouvriers employés, par suite de modifications de l'outillage ; de l'ouverture de nouveaux débouchés ; de l'atrophie de certaines parties de l'industrie; d'une réorganisation dans la distribution de la main-d'œuvre, etc... (1).

Nous estimons donc que l'assistance s'impose ici, plus que jamais. On a cependant soutenu le contraire et il est des gens qui pensent qu'avec de bons bras, on peut toujours trouver du travail (2). C'est là une exagération. Il ne faut pas cependant tomber dans l'excès contraire, et l'assistance ne doit pas être accordée sans mesure ; il faut toujours tenir compte des différences qui existent dans les causes du chômage. Nous avons déjà dit que lorsque le chômage est volontaire, c'est la répression seule qui doit intervenir. Mais même lorsqu'il est involontaire, il y a des degrés à observer : tel ouvrier que le chômage a atteint peut, par exemple, sans être entièrement fautif, avoir manqué d'une prudence élémentaire en ne prévoyant pas tel événement cause certaine de chômage. Il ne faut donc pas rendre le secours trop facile pour lui, ce pourrait être un encouragement à la paresse. Certes, en pareille matière, il est difficile de tracer des limites bien déterminées et de les insérer

(1) Voir Drioux, *Rapport au V° Congrès pénitentiaire international,* loc. cit., p. 237.

(2) Il paraît contraire aux principes de l'école évolutionniste de soutenir qu'il faut secourir des individus que la simple concurrence vitale doit éliminer ou amener forcément à se créer, par eux-mêmes, des moyens d'existence.

dans des textes législatifs, mais ce sont là des indications que doivent observer, dans la pratique, les œuvres d'assistance dont relèvent les chômeurs involontaires.

Reste une dernière question qui est, à notre sens, la question capitale. Sous quelle forme doit s'exercer l'assistance ? Par quoi va-t-on remplacer le salaire disparu ? Tout d'abord, le moyen le plus commode apparaît : c'est l'aumône; mais « sa facilité même fait son péril (1) ». Trop commode pour celui qui donne, ce moyen est également trop commode pour celui qui reçoit, puisque l'aumône faite, trop souvent sans discernement, s'égare presque toujours sur ces parasites de la charité qui, « exercée sans prudence, engendre la mendicité », suivant l'expression de M. Thiers (2). Non-seulement elle est dégradante pour un homme que ni l'âge ni les infirmités ou la maladie n'ont usé, mais elle est aussi démoralisatrice, car, ainsi que le dit M. Paul Leroy-Beaulieu, « étant donné le penchant de l'homme à l'indo-« lence, sa tendance à sacrifier la sécurité du lendemain « aux jouissances du jour présent, si les pauvres sont à « peu près aussi assurés de vivre, avec un minimun de « bien-être, que les gens qui travaillent, que les hommes « du moins qui vivent de métiers inférieurs, lé principal « attrait au travail, qui est la nécessité, s'évanouit (3) ».

Si la charité ne peut intervenir sans danger, la prévo-

---

(1) Dujoux, *loc. cit.*, p. 240.
(2) *Journal officiel*, 27 janvier 1850. Rapport sur l'assistance.
(3) Paul Leroy-Beaulieu, *L'Etat moderne et ses fonctions*.

yance peut-elle, comme pour les invalides, jouer un rôle ici ? Nous ne le pensons pas et nous estimons que la loi du 1er avril 1898 n'a pas apporté un remède suffisant au mal, lorsque, dans son article premier, elle autorise les Sociétés de secours mutuels à accorder à leurs membres des allocations pour le chômage. En effet, sous sa forme d'épargne, elle aide les chômeurs à passer quelques mauvais jours, mais sa durée ne peut être que restreinte comme la classe d'individus auxquels elle s'adresse.

Reste alors un dernier moyen qui, à notre avis, est le meilleur et qui constitue le remède le plus efficace, puisqu'il prend le mal à sa source : c'est l'assistance par le travail. En effet, de quoi souffre le chômeur ? D'un manque de travail. Or le meilleur moyen de venir en aide à quelqu'un c'est de lui procurer ce qui lui fait défaut (1).

« L'assistance par le travail est la pierre de touche de « la misère, disait en 1894 un éminent magistrat dont la « mort récente vient d'attrister tous ceux qui, comme « nous, ont eu l'honneur de l'avoir pour chef. Elle

---

(1) Nous avons eu sous les yeux un exemple typique des bienfaits de l'assistance par le travail : au mois de décembre dernier on amena devant M. le Procureur de la République de Parthenay, un individu arrêté en flagrant délit de vagabondage. Renseignements pris, cet individu n'avait jamais été condamné et avait travaillé régulièrement jusqu'au mois précédent chez différents cordonniers des environs. Devant ces constatations, M. le Procureur de la République fit demander à un patron d'une fabrique de chaussures s'il pourrait prendre un ouvrier se trouvant dans cette situation. La réponse fut affirmative et l'embauchage eut lieu aussitôt après l'ordre de mise en liberté. Depuis lors, ce « vagabond involontaire » est devenu un assidu de l'atelier où il reçoit un salaire journalier de 3 francs.

« élimine, ajoutait-il, l'élément malsain pour répandre
« ses bienfaits sur ceux que la société a le devoir de
« secourir... Elle procure un emploi bienfaisant à des
« forces matérielles qui pouvaient être perdues pour la
« société. En un mot, c'est le salut peut-être pour les
« honnêtes gens et la ruine pour les vagabonds incor-
« rigibles (1) ».

Les avantages de l'assistance par le travail sont donc
bien précieux et l'on comprend que de tout temps on ait
cherché à l'organiser. Nous avons vu, en effet, dans la
partie historique de notre travail, les efforts tentés par
l'ancienne monarchie pour fournir du travail aux vagabonds valides. Sans reprendre cette étude, disons que
l'idée d'assistance par le travail remonte à saint Vincent-
de-Paul qui faisait creuser et combler des fossés par les
mendiants. Il nous paraît intéressant également de
signaler un mémoire qui, par ses idées hardies, offre un
vif intérêt dans une région dont l'auteur est originaire.
Sous le règne de Louis XIII, Théophraste Renaudot
ayant été nommé commissaire général des pauvres,
grâce à l'appui du cardinal de Richelieu, rédigea ce
rapport (2), frappé qu'il avait été des vains efforts
tentés jusqu'alors : « Sire, écrivait-il, commandez à ces
« fainéants qu'ils travaillent, à ces paralytiques qu'ils
« cheminent et vous verrez les merveilles que Votre

---

(1) Discours prononcé par M. Clément, avocat général, à l'audience
solennelle de rentrée de la Cour d'appel de Poitiers, le 16 octobre 1894.
(2) Discours Clément, *loc. cit.*

« Majesté sait faire ». Renaudot s'ingénie alors pour
trouver des ressources. Il veut que nul ne puisse être
admis à une charge honorable sans avoir fait partie, un
an au moins, du bureau des pauvres de sa localité. Il
demande à ce que les indigents nettoient les rues,
réparent les chemins et plantent des arbres pour perce-
voir les profits qui leur reviendront. Il désire qu'on leur
laisse « dessécher, défricher, réparer et habiter tous
« marais inutiles, terres vaines et vagues, héritages et
« maisons, demeurés sans culture et habitation depuis cinq
« ans, à la charge que les propriétaires y rentreront en
« payant aux dits pauvres leurs loyaux couts et mises. »

Tous ces beaux projets eurent malheureusement le
sort des règlements et des édits qui les avaient précédés,
ils ne reçurent aucune application.

Pour compléter notre aperçu historique nous croyons
utile de rappeler la malheureuse création des ateliers
nationaux en 1848 et les terribles journées de juin qui
en furent la triste conséquence. Mentionnons aussi la
tentative faite quelques mois après, pour organiser le
travail agricole en Algérie. Cette coûteuse expérience
ne fut pas plus heureuse que la première et montra, une
fois de plus, l'impuissance de l'Etat à appliquer le principe de l'assistance par le travail.

Ainsi donc, le législateur a fait peu pour l'œuvre de
l'assistance par le travail et le texte de 1810 démontre,
à lui seul, à quel point nous sommes en retard. Aux
workhouses de l'Angleterre, aux colonies ouvrières de

l'Allemagne, aux colonies agricoles des Pays-Bas et de
la Belgique, nous ne pouvons opposer que nos dépôts de
mendicité que chacun s'accorde, aujourd'hui, à condamner comme inutiles et souvent nuisibles. Puisqu'ils ne
sont pas ouverts aux vagabonds, nous n'avons pas à
entrer dans le détail de leur organisation. Néanmoins
nous tenons à reproduire l'appréciation qu'en a donnée
un criminaliste distingué, au Congrès international de
1895 : « Les dépôts de mendicité ne peuvent ni relever,
« ni assister, ni réprimer. Là où ils existent, ils sont à
« la fois, prisons, hospices et asiles, et les incurables y
« prennent la place des mendiants valides. Enfin l'arbi-
« traire administratif y règne en maître, la durée de
« l'internement du mendiant au dépôt dépendant unique-
« ment de la volonté du Préfet. En somme les dépôts
« ont absolument dévié de leur institution première. Le
« décret de 1808 avait entendu créer des établissements
« ouverts à tous les indigents sans travail ou invalides,
« ce qui enlevait toute excuse à la mendicité et justifiait
« l'application de l'article 274 du Code pénal ; or tous
« les dépôts de mendicité existants, à l'exception de ceux
« de la Marne et de l'Algérie, sont absolument fermés
« à cette catégorie d'indigents qui, dès lors, se trouve-
« raient indûment condamnés (1) ».

Il ne faut donc pas songer à utiliser les dépôts pour
les vagabonds.

(1) F. Dreyfus. Rapport au Congrès international de 1895 (*Bulletin de
la commission pénitentiaire internationale*, avril 1895, p. 101).

Ce que le législateur n'a pas fait, l'initiative privée l'a essayé, et à l'heure actuelle il existe en France plusieurs établissements d'assistance par le travail qui méritent de sérieux encouragements et dont il faut louer la création.

Dans toutes ces œuvres, si le but est le même : aider le malheureux en lui procurant du travail, les moyens diffèrent infiniment. Pour les unes, le travail n'est qu'un des moyens employés pour assurer le relèvement de l'individu tombé ; pour les autres, c'est un moyen de secourir tous les malheureux quels qu'ils soient. Ces dernières sont les œuvres d'assistance par le travail proprement dites et se divisent en deux séries, suivant qu'elles hospitalisent ou qu'elles payent en argent le travail fait à domicile.

La première tentative de patronage par le travail en faveur des malheureux qui sortent de prison est due à l'abbé Villion. C'est lui qui dirige depuis 1864 l'asile de Saint-Léonard (Rhône) destiné aux « libérés adultes « repentants les plus rejetés », c'est-à-dire à ceux qui se voient si impitoyablement repoussés des ateliers et même des chantiers. Pour y être admis il faut être âgé de vingt-un à quarante ans et apte au travail. Il faut également s'engager à résider six mois au moins dans la maison. On fait, à Saint-Léonard, un peu de jardinage ; on y cultive le blé, la vigne et les fruits, mais la principale industrie de la maison est la cordonnerie. Le salaire atteint de 0 fr. 30 à 0 fr. 40 par jour et les hommes sont logés, nourris et habillés. Les dépenses atteignent une quarantaine de mille francs, mais grâce au produit du travail, le déficit ne dépasse guère 6,000 francs.

Le patronage des détenues et libérées de l'administration pénitentiaire possède deux asiles situés : l'un à Levallois, place Cormeille, 4, et l'autre boulevard de Vaugirard. Dans le premier, on reçoit, à leur sortie de prison, les jeunes pupilles qui s'occupent à tour de rôle du ménage et travaillent à des ouvrages de couture, chemises et pantalons. Elles gagnent 0 fr. 25 par pantalon et 0 fr. 12 par chemise. La moitié du gain est pour elles. Dans le second, on reçoit les libérées dont le séjour peut varier d'un jour à dix-huit mois, mais cet asile s'occupe surtout de leur placement et réussit dans la proportion de 40 %.

L'œuvre du Bon Pasteur est destinée aux filles, insoumises et soumises, de l'infirmerie de Saint-Lazare, âgées de seize à vingt-trois ans, sans enfant et n'ayant pas encouru de condamnation. C'est un véritable refuge, où le travail est un travail de lingerie.

Le refuge protestant de la rue des Buttes s'inspire des mêmes principes.

La société la plus importante est la société de patronage des libérés. Trois mille assistés sont répartis annuellement entre trois ateliers ; les hommes font du lingot, les femmes du brochage. Ils coûtent 50 à 60,000 francs par an.

En province, il existe quelques sociétés analogues.

Sauget, dans l'Isère, possède un refuge, pour les libérés, semblable à celui de l'abbé Villion.

A Melun et à Bordeaux, ont été fondées deux sociétés de patronage qui toutes les deux hospitalisent les libérés et leur fournissent un salaire, moyennant un certain travail. Elles reçoivent des subventions des pouvoirs publics.

Nous arrivons maintenant aux œuvres d'assistance par le travail proprement dites.

Les œuvres qui payent en argent un travail fait à domicile par l'assisté sont assez nombreuses.

La mieux comprise est celle qui a été créée en 1871 par M. Mamoz, homme de grand cœur et d'intelligence très pratique. L'institution Mamoz fournit du travail à domicile et les assistés emportent l'ouvrage qu'on leur donne pour l'exécuter chez eux (1). Cet ouvrage consiste, pour les femmes, en vêtements ordinaires, chemises, tabliers, bonneterie, etc.; pour les hommes, en chaussures et travaux d'écriture. Le salaire est généralement supérieur à celui que paient les grandes maisons de Paris ; en moyenne il est de 1 fr. 50 par jour. On a créé des bons : bons de combustible, bons d'aliments, bons de linge, bons de vêtements, bons de chaussures, qui remplacent, pour une partie plus ou moins importante de la paye hebdomadaire, l'argent monnayé, si l'assisté

______

(1) M. Mamoz avait « un service de renseignements » qui l'informait, avec une rigoureuse précision, sur le caractère et sur la moralité des individus qu'il employait pour les secourir.

le demande. Mais l'institution, comme toutes les autres du reste, n'a pour but que d'assister temporairement, trois mois au plus. Elle s'occupe également de placement et y réussit pour un tiers de ses protégés.

L'esprit inventif de M. Mamoz s'est surtout révélé, par cette conception, en apparence bien simple cependant, d'amener les personnes désireuses de faire la charité, à acheter à son œuvre, pour les distribuer aux indigents, des vêtements confectionnés, au lieu de donner leurs aumônes en argent. De telle sorte que le prix des objets vendus est employé à en faire confectionner de nouveaux et que le même argent sert ainsi à faire deux fois la charité, c'est-à-dire à secourir un nombre double d'infortunes. Cette œuvre fonctionne, d'ailleurs, avec des ressources restreintes, parce que son fondateur a su, dès le début, par ses relations, procurer un écoulement facile aux ouvrages fabriqués, en attirant la clientèle de sociétés et de personnes charitables (1).

L'œuvre des Mères de famille, présidée par la sœur Saint-Antoine, et l'Union d'assistance du XVII° arrondissement sont fondées sur le même principe.

Il existe également, rue du Val-de-Grâce, 11, un ouvroir protestant qui occupe de la même façon soixante à quatre-vingts ouvrières.

Mentionnons encore l'Union d'assistance des VIII°,

(1) M. Mamoz est mort en 1894, mais son œuvre a été continuée sous la direction de Mlle Lelarge.

XVIᵉ et XVIIᵉ arrondissements. Celle du XVIᵉ paraît une des plus prospères. Elle a été créée par Léon Say; elle est actuellement présidée par M. Casimir Périer et a pour but de combattre la mendicité professionnelle, ainsi que de procurer le bon emploi des secours, en faisant en sorte qu'ils ne soient donnés qu'après renseignements, ou en travail, aux nécessiteux valides, dans des conditions qui les rendent efficaces. « Elle s'efforce de « rendre le sentiment de la dignité personnelle à ceux « qui sont tombés dans la mendicité professionnelle, en « leur faisant reprendre progressivement l'habitude du « travail (1) ».

L'Union a adopté le système de tickets délivrés par ses membres aux solliciteurs, qui reçoivent en échange, au bureau de l'Union, les secours ou les indications que comporte leur situation. En 1897, il a été présenté 3,788 bons de travail (2).

L'Union possède en outre, un atelier de travail. Pendant l'année 1897, le nombre des entrées à cet atelier a été de 2,447 (3).

Elle possède aussi une cantine où, moyennant 0 fr. 35, les assistés peuvent prendre un repas complet.

A côté de ces unions, il convient de citer la Société

______

(1) Art. 2 des Statuts de l'Union.

(2) Nous avons emprunté ces chiffres au rapport lu à l'assemblée générale de l'Union le 24 avril 1898.

(3) L'Union d'assistance du XVIᵉ arrondissement a été reconnue d'utilité publique par décret du 24 août 1894.

d'assistance par le travail de Courbevoie et les Ouvroir-ateliers des rues Saint-Charles, Doudeauville et Saint-Paul.

En province, il existe plusieurs fondations du même genre : c'est ainsi qu'à Nantes, l'Hospitalité universelle s'occupe du placement du travail exécuté librement et spontanément par toute personne qui veut recourir à elle.

A Poitiers même, une personne charitable a créé, il y a peu d'années, une œuvre de bienfaisance ayant pour but de procurer de l'ouvrage, à domicile, aux jeunes filles et aux mères de famille qui ont besoin de suppléer, par leur travail, à l'insuffisance du salaire de leur père ou de leur mari (1).

Marseille possède une excellente organisation de l'assistance par le travail, grâce à une société fondée par M. Eugène Rostand le 23 février 1891. Cette société est divisée en cinq sections. La première section, dite du travail provisoire, procure aux ouvriers valides sans travail et sans ressources une occupation facile et accessible à tous ; ce travail n'est donné qu'à titre temporaire, à l'aide du système des bons. Dans les neuf premiers mois du fonctionnement, la société a distribuée 5,700 bons.

La deuxième section, dite de charité efficace, procède par voie de renseignements, sur les demandes dont elle est saisie.

La troisième section, dite office central d'assistance, tend à coordonner les efforts charitables de Marseille.

(1) V. Disc. CLÉMENT, loc. cit.

Enfin les deux dernières sections s'occupent de la propagande et de l'enfance.

Bordeaux possède une Société fort bien organisée et très prospère, dont le siège est rue Peyreblanque, 29. L'œuvre a pour but de faciliter aux malheureux sans travail la recherche d'une place et de leur éviter de se livrer à la mendicité, en leur procurant des ressources par un travail temporaire, en les adressant aux patrons, aux Œuvres et aux Associations qui sont à même de leur venir en aide, de leur trouver un emploi et de rapatrier ceux qui sont étrangers.

Cette Société emploie également le système des bons de travail.

En 1898, l'œuvre a reçu 898 ouvriers qui ont fait 6,674 journées de travail. La moyenne du salaire journalier a été de un franc (1).

Nous arrivons maintenant aux œuvres d'assistance par le travail hospitalisant leurs assistés. En 1896, ces œuvres étaient au nombre de dix.

Le modèle du genre est certainement la maison hospitalière créée en 1880 par M. le pasteur Robin et destinée aux ouvriers sans asile et sans travail, qu'elle reçoit sur la présentation d'une carte délivrée par des personnes charitables qui la paient 1 fr. 50 à l'institution, lorsqu'elle a été employée. Ce prix de 1 fr. 50

(1) Compte rendu de l'assemblée générale du 21 juin 1899. (Extrait de la *Revue philanthropique* du 10 février 1900.)

représente le prix de la première journée d'hospitalisation, pendant laquelle l'hospitalisé ne fait généralement rien.

Si l'hospitalisé refuse de travailler et quitte la maison après avoir été nourri, mention est faite sur la carte qui est renvoyée au bienfaiteur, lequel est ainsi averti que son protégé n'est pas digne d'intérêt. La durée de l'hospitalisation est illimitée. Indépendamment du travail offert, on cherche pour les assistés une place qui les mette à l'abri du besoin. De 1890 à 1898, 446 hommes ont été placés directement par la maison, 196 ont été rapatriés en province, 52 sont partis pour le service militaire, et 1,544 ont quitté la maison en disant avoir trouvé eux-mêmes du travail.

L'Œuvre de l'hospitalité du travail à Auteuil, qui a son siège avenue de Versailles, n° 5, offre un genre de travail pouvant convenir à toutes les malheureuses femmes, sans distinction de nationalité ou de religion, qui viennent demander l'hospitalité. Ce travail est très rémunérateur et consiste en travaux de lingerie dont le montant s'élève à 150,000 francs par année. En 1890, 2,300 femmes ont été recueillies; 1,600 d'entre elles ont été placées.

Il a été créé également un autre asile de femmes qui paraît avoir eu peu de succès, malgré son aménagement presque luxueux; c'est l'asile municipal de la rue Fessart, qui parvient à équilibrer son budget grâce aux subventions de l'Etat et aux générosités des particuliers.

13

Il convient de citer encore la colonie agricole de La Chalmelle, fondée en 1891 par la ville de Paris, en faveur des ouvriers ruraux venus dans la capitale, sans travail, âgés de vingt-cinq à cinquante ans, valides et ayant de bons antécédents. Cette œuvre a été inspirée par les mêmes principes que celle de M. le pasteur Robin. La durée du séjour n'y est pas limitée ; les résultats obtenus jusqu'à ce jour ont été des plus satisfaisants. Le dernier rapport du directeur constate le reclassement de plus de la moitié de ses patronnés, soumis pendant un temps suffisant à la salutaire discipline du travail en plein air.

Les hommes logés et nourris coûtent de 0 fr. 50 à 0 fr. 95 par jour et reçoivent exactement 0 fr. 50 qui sont versés à une masse.

La fondation Laubespin, dirigée depuis 1892 par M Lefébure et la sœur Saint-Antoine, est destinée aux hommes qu'on occupe aux travaux de menuiserie. Les hospitalisés y gagnent 2 francs par jour, qu'ils peuvent convertir en bons de logement et d'aliments.

Mentionnons encore le refuge Nicolas Flamel et le refuge ouvrier Pauline Roland ; l'œuvre de la Société d'assistance par le travail de Nîmes ; l'Hospitalité temporaire par le travail de Lyon, fondée exactement sur le modèle de la maison hospitalière du pasteur Robin.

Enfin, certains départements ont fait des tentatives du même genre, guidés par les membres les plus distingués de leur Conseil général. C'est ainsi que celui de l'Eureet-Loir, grâce à l'initiative de M. Deschanel, présìdent de la Chambre des députés, a transformé son dépôt de Courville et créé un quartier spécial pour les sans-travail qui s'y rendent volontairement : le travail y est surtout agricole ; un jour de sortie par semaine est accordé aux hospitalisés, et la seule punition consiste dans le renvoi de l'établissement.

La Haute-Garonne prépare l'organisation d'une maison située à la campagne, loin du chef-lieu.

Le Nord recherche le moyen d'établir un dépôt de mendicité avec assistance par le travail.

La Haute-Vienne va tenter l'essai d'une colonie agricole.

Les Bouches-du-Rhône ont voté un crédit pour transformer le dépôt de mendicité et le faire rentrer dans les conditions prescrites, en y ajoutant un quartier exclusivement réservé aux indigents.

Le Vaucluse a proposé un système d'assistance qui rappelle les stations de secours en Allemagne et a pour base le concours du département, des communes et de l'initiative privée.

Telles sont les tentatives faites pour l'œuvre de l'assistance par le travail. Il est regrettable qu'elles n'aient pas reçu les encouragements qu'elles méritaient et qui eussent facilité leur généralisation.

Des obstacles insurmontables s'opposent-ils donc à l'organisation complète d'une telle œuvre ? Nous ne le pensons pas, et nous croyons que la réforme à faire serait simple à exécuter, dans un pays qui y est si bien préparé par ses sentiments humanitaires.

L'assistance par le travail doit passer par deux phases. Les recherches de « l'embauchage » doivent être facilitées au chômeur involontaire et si ces recherches sont restées vaines, le travail doit lui être procuré.

Mais sera-ce l'action de l'Etat, du département ou de la commune qui interviendra alors ? ou bien l'initiative privée aura-t-elle le seul rôle ? Admettre l'unique prérogative de l'Etat serait reconnaître le droit à l'assistance par le travail, et de là au droit au travail la distance serait vite franchie. Or, le droit au travail ne peut exister pour un homme valide qui, conservant sa liberté, doit pouvoir, par ses efforts personnels, assurer son existence. De plus, les tentatives des gouvernements de l'ancien régime, le souvenir des ateliers nationaux et l'exemple des dépôts de mendicité, sont des preuves suffisantes de l'impuissance de l'Etat lorsqu'il est réduit à ses seules ressources. C'est qu'en effet de semblables entreprises sont d'un maniement délicat, et, pour en assurer le succès, « il ne suffit pas de la conscience pro-« fessionnelle d'un fonctionnaire, il faut le dévouement « et l'ingéniosité de la charité privée (1) ». Dans un pays centralisé, administrativement uniformisé comme le nôtre, nous croyons que l'initiative privée « peut, en « se diversifiant, en prenant des formes plus variées, en

(1) Discours Clément, *loc. cit.*

« s'adaptant à plus de besoins et en se modifiant selon
« les localités, obtenir plus de concours et faire plus de
« bien (1) ».

Nous n'allons pas jusqu'à dire que l'action de l'Etat
doit être écartée à tout jamais. Nous croyons aux efforts
de l'initiative privée, mais sous le contrôle et avec l'encouragement de l'Etat, du département ou de la commune.

Le meilleur moyen de faciliter la recherche du travail
est de fournir des indications publiques sur les demandes
d'emplois de toute nature.

A cet égard il serait facile, nous semble-t-il, d'utiliser
le principe d'une industrie qui s'est développée en
France bien qu'ayant fait l'objet de critiques dont
beaucoup étaient malheureusement justifiées. Nous
voulons parler des Bureaux de placement. En trop petit
nombre, ils n'ont d'action que dans une zone limitée et
ne peuvent pas donner de renseignements suffisants sur
l'état général du marché du travail. De plus, leurs
ressources étant faibles, sinon nulles, ils perçoivent
des sommes énormes par rapport aux salaires et sont
ainsi fermés aux nécessiteux. Il conviendrait donc d'encourager l'augmentation très sensible du nombre d'agences de placement, en les réglementant pour en faciliter
l'accès à tous et surtout de les relier entre elles par des

(1) Discours prononcé par M. Casimir-Périer à l'Assemblée générale du
15 janvier 1899, du Comité central de l'assistance par le travail. (*Revue
philanthropique* du 10 mars 1899.)

rapports constants dans leurs opérations. Mais comme, réduites à leurs propres forces, ces agences seraient impuissantes, il faudrait faciliter leur tâche en leur donnant comme auxiliaires les associations ouvrières et les œuvres de bienfaisance privée et publique. On aurait ainsi un organisme complet englobant dans son réseau toutes les branches du travail (1) et susceptible de procurer aux chômeurs tous les renseignements utiles. Pour cela, il ne serait même pas besoin d'un texte législatif; de simples instructions ministérielles suivies d'arrêtés préfectoraux suffiraient, à la condition d'être sanctionnés, les unes et les autres, par des subventions sagement distribuées.

Cependant les bureaux de placement seuls seraient insuffisants, et nous pensons que deux innovations devraient être apportées : l'application du système des passeports et la création des refuges.

Le passeport nous paraît être le meilleur moyen de se rendre compte si réellement le travail a été vainement cherché. En effet, si chaque individu avait le droit de se faire délivrer par sa commune d'origine un passeport, sorte de livret où seraient inscrits : son état civil, son signalement et sa profession, il pourrait, en cas de chômage, y faire mentionner qu'il s'est adressé, sans succès, au bureau de placement et se diriger vers une contrée plus favorisée. Dans ce cas seulement les maisons de

(1) V. Duroux, *loc. cit.*, p. 243.

refuge lui seraient ouvertes et lui offriraient un précieux secours. Ces refuges, fondés sur le modèle des stations allemandes, recevraient temporairement, pendant deux jours au maximum, l'individu sans ressources qui serait à la recherche de travail. Au cours de ce séjour, l'hospitalisé serait occupé à des travaux agricoles, industriels ou communaux, suivant les pays, et le produit de son labeur servirait à couvrir les frais d'entretien. A sa sortie, le livret-passeport témoignerait de son passage et, suivant son travail, un salaire pourrait lui être accordé. Chacun de ces refuges serait en relation directe avec les bureaux de placement voisins qui y feraient parvenir les demandes d'emploi. Tout individu qui refuserait le travail obligatoire serait immédiatement expulsé et, sur son livret-passeport, mention en serait faite. Cette mention pourrait lui fermer l'entrée d'un nouveau refuge et même motiver son arrestation comme vagabond.

L'administration des refuges incomberait à la commune sur laquelle ils seraient situés et la surveillance en serait confiée au garde champêtre.

On nous objectera peut-être que la réalisation d'un tel projet entraînerait de grosses dépenses. A qui incomberaient-elles ? Nous ne croyons pas que les dépenses à prévoir soient très élevées. Il n'est guère, en effet, de commune qui ne possède un local inutilisé pouvant servir à cet usage. On choisirait d'ailleurs, pour établir ces refuges, les communes les plus riches, et les communes voisines possédant des œuvres de bienfaisance leur viendraient en aide. Enfin le département accorderait des subventions, et les communes d'origine, en cas de déficit, pourraient être obligées de payer une indemnité pour les secours donnés aux hospitalisés. Ces indemnités seraient prélevées sur la caisse des bureaux de bienfaisance chaque fois que la situation de ces bureaux le permettrait.

Nous croyons devoir signaler ici une expérience ingénieuse qui a été tentée et dont le but se rapproche du moyen que nous préconisons. La commune de Ferrières-Fontenay (Loiret) a créé un asile pour les errants. Cet asile est établi dans une maison située un peu à l'écart du groupe des habitations et sur laquelle on lit :

GARDE CHAMPÊTRE — MAIRIE — HOSPITALITÉ.

C'est là qu'on recueille gratuitement les malheureux qui sont sans gîte et sans ressources. Le garde champêtre est chargé de l'hospitalité ; il donne à chaque individu 250 grammes de pain et un lit. La maison est petite, composée de deux pièces : une pour les hommes, l'autre pour les femmes et les enfants (1). Dans la première salle est gravé le quatrain suivant :

> Pauvre passant brisé par la souffrance.
> Ici couché, souffre ton triste sort,
> Perds pas courage et garde l'espérance,
> L'égalité n'arrive qu'à la mort.

(1) V. CHANTEAU, *loc. cit.*, p. 177

C'est surtout dans les communes rurales que les refuges devraient être créés, car dans les grandes villes on se heurterait à de graves difficultés et le séjour pourrait être nuisible aux individus inoccupés. D'ailleurs, là se trouvent déjà des fondations, des asiles de nuit, des ressources plus grandes qui permettent d'appliquer le même principe sous une autre forme.

Tel est, dans ses grandes lignes, le projet que nous préconisons. Est-ce à dire que la loi devrait entrer dans les plus petits détails d'organisation et d'administration ? Evidemment non ! Seuls les principes suivants devraient être établis par elle (1) :

1° Obligation pour l'ouvrier qui s'adresse aux stations, de se munir d'un livret spécial, afin qu'on le suive dans son itinéraire, qu'on s'assure de la sincérité de ses efforts pour chercher du travail et qu'on puisse refuser l'accès de ces établissements aux vagabonds avérés.

2° Obligation pour les départements de se concerter pour créer un réseau complet, en déterminant les communes offrant le plus de garanties et les distances maxima et minima qui doivent séparer les stations ;

3° Obligation d'astreindre les assistés à un travail ;

4° Autorisation d'utiliser les œuvres d'assistance existantes.

Tout le reste serait laissé aux arrêtés réglementaires et à la disposition des autorités locales.

(1) Nous empruntons ces principes au rapport que M. Drioux a présenté au V<sup>e</sup> congrès pénitentiaire international.

Ainsi facilitées, les recherches du travail devraient aboutir à un résultat. Mais il faut prévoir la triste éventualité d'un échec et organiser, pour ce cas, des secours pour celui qui en serait la victime. C'est là l'œuvre des sociétés d'assistance par le travail dont nous avons souhaité la généralisation.

Nous n'irons pas jusqu'à préconiser la fondation par l'Etat, le département ou le canton de maisons de travail comme l'ont fait les auteurs de certains projets (1) de réformes. Nous avons indiqué pourquoi nous estimons que seule l'initiative privée peut intervenir avec efficacité et seule elle peut créer, soit de semblables maisons, soit même de véritables colonies, à l'instar de celles qui existent en Hollande et en Belgique.

De plus ces créations occasionneraient de grosses dépenses et elles pourraient nuire au développement de refuges dont l'utilité nous apparaît davantage.

Mais il pourra paraître hardi d'avoir une confiance absolue dans l'initiative privée et de s'en remettre entièrement à son activité. Il est vrai que si, de leur côté, les pouvoirs publics ne manifestaient à cet égard aucune attention, aucun encouragement, il serait à craindre qu'aucun progrès ne fût réalisé. Mais du jour où le système des refuges tel que nous le concevons, sera mis en vigueur, c'est-à-dire du jour où une intervention officielle apparaîtra, nous sommes convaincu que l'ini-

---

(1) Projet Faure. — Projet de la Société générale des prisons. — Projet Berry. — Projet Chanteau.

tiative privée y trouvera un stimulant dont elle saura profiter. Nous avons vu quels efforts ont été faits, à Paris et en province, par des sociétés réduites à leurs propres forces. N'est-ce pas là un gage sérieux pour l'avenir ? Il existe à Paris un comité central des œuvres d'assistance par le travail qui, du jour où il sera encouragé par les pouvoirs publics, pourra rendre les plus réels services. Ce comité a été fondé par Léon Say et Jules Simon et est présidé aujourd'hui par M. Mézières, membre de l'Académie française, député. Son conseil d'administration se compose entre autres membres de MM. Casimir Périer, Jean Cruppi, Cheysson, Ferdinand Dreyfus, Hébrard, D<sup>r</sup> Bouloumié, Félix Voisin, Monod, Albert Rivière, pasteur Robin, Louis André, substitut à la Seine, etc... A elle seule, cette liste suffit à prouver l'importance du Comité et à justifier les espérances que nous mettons dans son œuvre. Le but de ce comité a d'ailleurs été nettement défini à l'assemblée générele du 15 janvier 1899 présidée par M. Cheysson, inspecteur général des ponts et chaussées. « Notre Société, « disait-il, guide les initiatives pour la création des « sociétés nouvelles en leur fournissant des statuts mo- « dèles, en leur envoyant des conférenciers. Le Comité « central sert aussi à mettre en relations ces différentes « sociétés, à faire bénéficier chacune d'elles de l'expé- « rience de toutes les autres, et il résume dans des « tableaux synoptiques les organisations ainsi que leurs « résultats, et les porte à la connaissance du grand

« public. Enfin il leur sert de porte-drapeau et de porte-
« voix pour leurs revendications collectives, pour l'étude
« et la défense des intérêts généraux. Ce n'est pas
« encore assez; le Comité central a compris que quelque
« féconde que fût l'assistance par le travail, en elle-
« même, elle pourrait encore accroître ses bienfaits et
« ses services, si elle entretenait des rapports plus
« étroits avec certaines œuvres extérieures à son objet,
« mais qui procèdent d'un principe voisin, par exemple,
« les bureaux de bienfaisance, l'assistance aux anciens
« militaires, le patronage des libérés, l'hospitalité de
« nuit, en un mot les œuvres qui ont pour but commun
« de venir en aide aux malheureux intéressants, et, au
« contraire, de lutter contre le vagabondage et la men-
« dicité. »

Et M. Cheysson conclut ainsi : « Le Comité central a
« compris son rôle à tous les points de vue, il a exploré
« un vaste champ, et un champ plus vaste encore s'ou-
« vre devant son activité. Ces résultats, il importe de
« les répandre le plus possible et de les vulgariser dans
« le public, de manière à augmenter encore l'intensité
« de ce mouvement qui s'annonce de toutes parts.....
« Pour nous, qui sommes les amis et les promoteurs de
« l'assistance par le travail, nous devons résolument
« nous dévouer à elle, servir sa cause, chercher à éten-
« dre ses bienfaits et ses applications » (1).

(1) Extrait de la *Revue philanthropique* du 10 février 1899.

Ces paroles sont bien la manifestation du désir d'entrer résolument dans la voie des réformes. C'est aussi un appel à toutes les bonnes volontés, qui, pour être mieux entendu, a besoin de l'appui indispensable des pouvoirs publics (1).

Cet appui a déjà été donné à des sociétés dont le but est d'une utilité toute secondaire, comparé à celui qui est poursuivi par le Comité central ; aussi a-t-on vu des sociétés créer des sortes de succursales dans chaque département et atteindre ainsi des résultats importants. C'est un exemple à imiter et c'est le meilleur moyen « d'étendre les bienfaits et les applications de l'assis- « tance par le travail ».

Des comités créés en province et placés sous le contrôle du Comité central avec lequel ils seraient en relation directe, pourraient alors, grâce aux subventions de l'Etat ou du département et grâce aussi aux cotisations de ses membres, fonder, soit des établissements de travail comme ceux qui existent à l'étranger, soit des colonies agricoles comme celle de La Chalmelle, dont l'œuvre mérite des imitations.

L'intervention de l'Etat peut encore, à notre avis, se manifester sous une autre forme, dans l'assistance à accorder aux travailleurs. Nous avons vu qu'une des

(1) M. Charles Dupuy, président du Conseil des ministres, signalait aux préfets à la fin de l'année 1894, par une circulaire du 8 novembre, l'importance des œuvres d'assistance par le travail et leur recommandait de les encourager.

causes du chômage était due aux variations temporaires dans le nombre des ouvriers employés par suite de modifications dans l'outillage, de l'ouverture de nouveaux débouchés, de l'atrophie de certaines parties de l'industrie. Il est bien difficile de parer à ces événements qui sont souvent la conséquence d'un excès de production. Pourquoi alors certains producteurs ne quitteraient-ils pas le pays où l'on produit trop, pour aller dans ceux où l'on ne produit pas assez ? Nous touchons ici à la question de l'émigration aux colonies qui est trop importante pour que nous songions à en pénétrer les détails dans une étude qui ne permet pas cette incursion sur un domaine aussi vaste. Mais nous croyons que faciliter l'émigration aux travailleurs, victimes d'un chômage, peut être une excellente mesure. Tout dernièrement nous avons eu le plaisir d'assister à la soutenance d'une thèse, au cours de laquelle l'insuffisance de la main-d'œuvre aux colonies a été affirmée avec compétence (1). Il paraît donc naturel d'essayer d'une tentative qui pourrait être un remède à deux maux.

Enfin citons un projet de loi qui, présenté par MM. Henri Brisson, Fernand Rabier et Georges Trouillot, députés, est relatif à la sécularisation des biens actuellement détenus par les congrégations d'hommes

---

(1) Cette thèse, soutenue par notre excellent ami Rougé devant la Faculté de droit de Poitiers le 11 janvier 1900, a pour titre : *Des Conditions auxquelles sont soumises l'émigration et l'immigration des travailleurs aux colonies françaises et étrangères.*

non autorisées et à la constitution d'une caisse de
retraite pour les travailleurs.

« Envisager l'ensemble des biens illégalement détenus
« par les congrégations d'hommes non autorisées ou leur
« prête-noms, affecter ceux de ces biens qui ne seront
« pas utilement revendiqués par les familles et qui sont,
« par conséquent, des biens sans maître, à la dotation
« d'une caisse nationale de retraite pour les vieux tra-
« vailleurs des villes et des campagnes ; établir dans
« certains immeubles des maisons d'éducation ou d'assis-
« tance concédées à l'Etat, aux départements ou aux
« communes, moyennant des indemnités à payer à la
« caisse des retraites. Voilà le système (1). »

Le nom des auteurs de ce projet et des questions
délicates qu'il soulève sont autant de titres à l'attention
du législateur. Faite sans passion, et avec l'unique
souci d'être utile à la société, cette proposition pourrait amener le vote d'une loi qui contribuerait pour une
grande part à l'œuvre de l'assistance des travailleurs.


### APPENDICE

Bien que nous estimions que la condition, au point de
vue pénal, des enfants, doit faire l'objet d'une série de
mesures législatives spéciales, nous croyons toutefois
qu'il est nécessaire d'indiquer à la fin de cette partie de
notre étude quel secours il convient d'accorder au mi-

---

(1) *Journal officiel*, 1900. Documents parlementaires, annexe n° 363,
p. 658.

neur vagabond. Quand il s'agit des enfants, il faut arrêter le mal à sa source ; le but à poursuivre doit donc être
la moralisation du jeune vagabond, par l'isolement dans
des écoles de préservation ou dans des institutions charitables. Là encore la Belgique peut servir de modèle
avec ses « Ecoles de bienfaisance de l'Etat », créées par
l'arrêté royal du 7 juillet 1890 et qui, en vertu de la loi
du 27 novembre 1891, sont ouvertes aux jeunes gens
âgés de moins de 18 ans, que les administrations communales ont le droit d'y placer avec le consentement des
parents ou du tuteur et l'autorisation du ministre de la
justice. Les enfants peuvent être placés en apprentissage chez un cultivateur ou un artisan, ou encore dans
un établissement public ou privé, d'instruction ou de
charité.

Les frais d'entretien et d'éducation des enfants qui
sont placés dans ces écoles sont à la charge de l'Etat
pour moitié, et pour l'autre moitié à la charge de la commune qui a demandé leur admission.

Dans ces établissements les enfants sont séparés avec
grand soin, en trois catégories :

1° Les enfants âgés de 13 ans ;

2° Les adolescents entrés après 13 ans et avant 16 ans ;

3° Les jeunes gens de 16 à 18 ans.

Il suffirait d'appliquer ces réformes aux maisons de
correction françaises destinées aux mineurs condamnés,
pour arriver aux mêmes résultats qu'en Belgique.

Nous en avons fini avec l'étude des mesures pour
prévenir le vagabondage.

En résumé, ces mesures ne doivent être prises qu'en faveur de deux catégories d'individus qu'il importe d'éloigner des dangers de la vie vagabonde : les indigents invalides et les chômeurs involontaires. Aux invalides, c'est-à-dire aux vieillards, aux infirmes et aux malades doivent être réservés les secours de l'assistance publique. Les Sociétés de prévoyance apporteront également leur indispensable concours à cette œuvre, et, pour cela, il est nécessaire d'initier la classe ouvrière aux bienfaits de la mutualité.

Quant aux chômeurs involontaires, ils relèvent de l'assistance par le travail. Faciliter les recherches du travail et en procurer lorsque ces recherches auront été vaines, tel sera le but de cette assistance. Pour l'atteindre, il importe de confier l'application de cette entreprise aussi délicate et aussi exigeante à l'initiative privée, dont le rôle, en ces derniers temps, s'est affirmé avec autorité. Il appartient à l'Etat d'approuver son zèle, d'exciter son courage et de stimuler ses efforts. Lorsqu'il aura accompli cette tâche et que le succès aura couronné toutes les tentatives généreuses pour arriver à une organisation définitive et salutaire, les présidents des tribunaux auront une facile réponse à faire aux vagabonds qui voudront leur opposer, comme moyen de défense, le manque de travail ou de secours.

Souhaitons donc que nos législateurs se rappellent ce grand principe de la Déclaration des Droits de l'Homme : « Les secours publics sont une dette sacrée et que la

« société doit la subsistance aux citoyens malheureux,
« soit en leur procurant du travail, soit en assurant les
« moyens d'existence à ceux qui sont hors d'état de
« travailler. »

## CHAPITRE IV

### De la répression

§ 1. — *Qui la répression doit-elle atteindre ?*

Des textes législatifs spéciaux offrant les secours de
l'assistance aux individus qui sont involontairement « sans
domicile, sans profession et sans moyens d'existence »,
les rigueurs de la loi pénale ne trouveraient plus leur
application que contre ceux qui ont refusé les secours ou
qui en auront été reconnus indignes. La répression n'at-
teindra plus « que les professionnels du vagabondage ».

Plusieurs définitions ont été données de ceux que l'on
a ainsi dénommés ; les unes diffèrent de celle de l'article 270, les autres s'en rapprochent. Pour nous, qui
l'avons considérée comme incomplète, nous estimons que
pour la rendre meilleure il suffit de la compléter. C'est
ce qu'a compris la commission de législation criminelle de la Chambre des députés, lorsqu'après l'examen
de la proposition de loi de M. Cruppi, elle s'est arrêtée
à la rédaction suivante : « Le vagabond punissable est

« celui qui, n'ayant ni domicile certain ni moyens de
« subsistance et n'exerçant habituellement ni métier ni
« profession, est apte au travail et ne justifie pas avoir
« fait le nécessaire pour en trouver, ou bien a refusé le
« travail rémunéré qui lui était offert, soit par un parti-
« culier, soit par une œuvre d'assistance publique ou
« privée. »

C'est bien là en effet un genre de vie duquel peuvent
naître certains périls pour la paix publique que prévoit
cette définition. C'est bien là le paresseux coupable
qu'elle permet à la loi pénale d'atteindre, et cela d'autant plus facilement, que selon nous, le magistrat chargé
de la poursuite devant avoir un souverain pouvoir d'appréciation, ne renverra devant la juridiction répressive
que l'individu vraiment punissable.


§ 2. — *Pénalités*. — *Régime de l'emprisonnement*


Nous avons dit plus haut que les pénalités édictées
contre les vagabonds par le Code pénal n'étaient ni
afflictives ni réformatrices, et nous en avons donné les
raisons ; il est donc juste qu'abordant l'examen des
réformes que nous jugeons utiles en cette matière, nous
songions maintenant à des pénalités nouvelles possédant
entre autres qualités les deux essentielles qui font défaut
aux anciennes. Nous sommes convaincu que l'efficacité
de la répression du vagabondage dépend de sa sévérité.
Toutefois, selon nous, cette sévérité ne doit pas être

rigoureuse dès le début, et si un individu poursuivi pour vagabondage est réellement coupable lorsqu'il dispose, pour éviter cette poursuite, de tous les moyens préventifs que nous avons indiqués, ce n'est pas une raison pour se montrer implacable à sa première faute. Si une peine doit être afflictive et réformatrice, elle doit aussi être divisible, c'est-à-dire « être graduée, comporter un « minimum, un maximum et des degrés intermédiai- « res (1) ». C'est pourquoi nous sommes d'avis, sans recourir pour cela au système de l'avertissement en vigueur dans certaines législations étrangères, de faire entrevoir les conséquences graves d'une récidive, en prononçant une peine légère à la première infraction. La possibilité d'un reclassement doit être envisagée et il ne faut pas perdre de vue non plus la nature spéciale de l'infraction dont l'immoralité est évidemment moindre que s'il s'agissait de la violation d'une loi naturelle.

A notre sens la répression, au point de vue du vagabondage, devrait comporter trois degrés : la première infraction constituerait une contravention frappée d'une peine de simple police ; en cas de récidive, la nouvelle infraction deviendrait un délit entraînant des peines correctionnelles ; enfin après un nombre de condamnations limitativement déterminé, la relégation serait encourue.

Faire du vagabondage une contravention, même en limitant le cas à la première infraction, peut paraître

---

(1) NORMAND, *loc. cit.*, p. 175.

une innovation hardie, mais il faut se rappeler qu'en Belgique la répression du vagabondage appartient aux juges de paix en vertu de la loi du 1ᵉʳ mai 1849 et que depuis qu'elle est en vigueur on a maintes fois constaté les heureux résultats donnés par cette disposition (1). Cependant au cours de la discussion qui a précédé le vote de cette loi, les objections soulevées aujourd'hui en France ont été formulées dans les mêmes termes en Belgique. On s'est effrayé notamment du danger de bouleverser l'économie de notre système pénal en déclassant des infractions. Le succès de l'expérience tentée par nos voisins est une réponse trop concluante pour que nous croyons utile d'insister.

Mais, ajoute-t-on, le personnel des juges de paix est insuffisant pour connaître de contraventions aussi fréquentes. Cela est vrai, mais est-il impossible de remédier à cet inconvénient? Non. Il suffit de hâter la réforme sur le recrutement des juges de paix et celle sur l'extension de leur compétence (2).

Une objection plus grave, faite au système que nous soutenons, est l'insuffisance des maisons de police qui sont à portée des juges de paix. Toutefois il ne faut rien exagérer. Il existe dans chaque gendarmerie une cham-

(1) M. le procureur général Van Schoor constatait, en 1886, ce succès dans son discours de rentrée à la Cour de Bruxelles (*Belgique judiciaire*, 12 décembre 1886).

(2) Le 29 novembre 1899, la Commission de la réforme judiciaire de la Chambre des députés a demandé, en portant des augmentations dans le traitement des juges de paix, des garanties de compétence et de stage.

bre de sûreté qui pourrait être agrandie et mieux aménagée sans grande dépense. Le séjour que devraient y faire les vagabonds serait de courte durée, puisque la procédure suivie contre eux serait rapide et que leur transfert à la prison pourrait avoir lieu aussitôt la condamnation.

Ainsi donc les difficultés soulevées par cette réforme ne sont point insurmontables et sa réalisation constituerait un progrès sérieux.

Quelle sera la procédure suivie ? Un individu arrêté par les agents de la force publique, en état de vagabondage, sera amené, non plus devant le Procureur de la République d'un arrondissement dont le chef-lieu est souvent éloigné, mais devant le juge de paix du canton du lieu de l'arrestation. Le magistrat cantonal devra procéder immédiatement à un interrogatoire de l'individu arrêté, vérifier toutes ses allégations, en un mot s'entourer des renseignements lui permettant de se rendre compte s'il a réellement affaire à un « vagabond punissable ». A cet effet le juge de paix devra posséder tous les moyens d'investigation propres à tous les procureurs de la République : franchise télégraphique avec les parquets, avec les maires de l'arrondissement, droit de réquisition, droit d'incarcération, etc. Dans le cas de poursuites, il devra être statué dès que les renseignements nécessaires seront parvenus. La peine encourue sera un emprisonnement de un à six jours. Cette condamnation devra être inscrite au bulletin n° 2 du casier judiciaire. A l'expiration de cette peine, le condamné devra être renvoyé dans sa commune d'origine s'il a été arrêté dans le département dont elle dépend ; au cas contraire, il sera mis à la disposition de l'administration qui le dirigera, de refuge en refuge, vers sa commune d'origine.

La procédure serait donc très rapide et occasionnerait peu de frais.

En cas de récidive, la répression doit être sensiblement plus élevée. Il y a là, en effet, une preuve évidente de perversion chez l'individu qui ne tient aucun compte de l'avertissement qui lui a été donné. Aussi lorsque le juge de paix aura en face de lui un récidiviste, il ordonnera immédiatement son transfert devant le procureur de la République qui, muni des renseignements recueillis par le magistrat cantonal, renverra immédiatement l'individu arrêté devant le tribunal civil.

Le projet de M. Cruppi a établi, justement, cinq degrés de récidive en cette matière. On doit considérer, en effet, comme sans excuse, un individu vis-à-vis duquel on a pris toutes les précautions possibles et pour lequel la peine légère dont il a été l'objet, la première fois, aurait dû être un préservatif. La sévérité s'impose et nous estimons que les pénalités édictées dans cette proposition de loi ne sont pas excessives (1). Seul le maxi-

(1) Les individus convaincus du délit de vagabondage, dit l'article 13 du projet, seront condamnés.... pour la seconde infraction, à un emprisonnement de 3 mois à un an ; pour la troisième, à un emprisonnement de 2 à 3 ans ; pour la cinquième et celles qui pourront suivre, à un emprisonnement de 3 à 7 ans.

mum de sept ans prévu pour la cinquième récidive nous paraît élevé pour le système que nous préconisons et qui comprend, comme dernière pénalité, la relégation. Nous croyons donc que ce maximum doit être abaissé à cinq ans.

Une dernière question se pose maintenant : l'article 463 du Code pénal relatif aux circonstances atténuantes sera-t-il applicable aux dispositions nouvelles? Nous avons vu qu'avec la législation actuellement en vigueur, les tribunaux hésitent à prononcer des peines supérieures à trois mois d'emprisonnement contre un vagabond, même récidiviste, et nous avons indiqué les raisons de cette indulgence. Du jour où des moyens d'assistance existeront, cette indulgence ne sera certainement plus à redouter, puisque seront seuls passibles de peines correctionnelles des individus sans excuses. Mais s'ils sont sans excuses, pourquoi alors les ferait-on bénéficier d'une disposition qui a précisément pour but unique de tenir compte « de tous les faits et de toutes les circons-« tances favorables qui ont accompagné l'infraction (1) »?

Entre le minimum et le maximum que nous proposons, le juge pourra aisément baser son appréciation. En outre, le bénéfice des circonstances atténuantes ne ferait-il pas double emploi avec le système autrement efficace de la libération conditionnelle et aussi avec cette mesure qu'il y a lieu également d'adopter et qui consiste à décider, comme le propose M. Cruppi, que les peines pré-

---

(1) Normand, *loc. cit.*, p. 432.

vues pour chaque récidive cesseraient d'être applicables s'il s'est écoulé plus de trois ans depuis l'expiration de la peine précédente ?

C'est là, nous semble-t-il, un encouragement sérieux à l'amendement du condamné. Les rechutes, après un tel délai, sont rares, et, il n'est pas exagéré de penser que l'habitude du travail peut ainsi être contractée à nouveau. C'est d'ailleurs pour en faire renaître le goût que nous croyons nécessaire de réclamer le régime cellulaire, avec obligation au travail. De cette façon disparaîtrait un inconvénient que nous avons signalé dans le mode actuel d'exécution des peines de courte durée. Cette nouvelle mesure aura d'ailleurs une autre conséquence qui ne sera pas moins appréciable : isolé et obligé de travailler, le véritable vagabond redoutera cette perspective ; car s'il repousse le travail qui lui est offert lorsqu'il est en liberté, il aura une plus grande aversion pour celui qu'il sera forcé d'exécuter dans l'isolement d'une maison spéciale. Plus la durée de ce travail sera prolongée, plus, par conséquent, la peine sera exemplaire.

Mais comment appliquer le régime que nous indiquons? Va-t-on faire subir la peine prononcée contre les récidivistes dans les prisons actuelles en imposant la stricte application de la loi du 5 juin 1875? Ou bien va-t-on faire subir l'emprisonnement dans des établissements spéciaux de travail? Nous penchons pour ce dernier système (1).

(1) Ce système a été préconisé par M. Charles Dupuy, dans le rapport qu'il a présenté au Conseil supérieur de l'assistance publique.

Quoi de plus logique, en effet, que d'établir un mode spécial de répression pour une infraction spéciale ? De plus, il y aurait quelque danger à traiter le vagabond comme un voleur : « ce serait supprimer un des freins « qui peuvent le retenir et il n'est pas prudent de lui « enlever tout intérêt pratique à respecter le bien d'au- « trui. La peine se retournerait contre elle-même et « irait à l'inverse du but qu'elle se propose — prévenir « les délits (1) ».

Une des grosses objections qui sont faites à ce système est tirée des conséquences budgétaires qu'il peut entraîner. Il ne faut rien exagérer. Il est reconnu par tout le monde que le mode actuel d'emprisonnement est inopérant, puisque nous avons vu que certains vagabonds recherchaient la prison. Alors une réforme s'impose de ce chef, et de deux choses l'une : ou ce sera l'application stricte de la loi du 5 juin 1875 qui devra être faite, ou ce sera notre système qui sera mis en vigueur. Dans l'un et l'autre cas, des dépenses seront nécessaires : or celles qu'exigerait la transformation des prisons actuelles en prisons cellulaires seraient peut-être les plus lourdes. En effet, les départements qui entretiennent actuellement un dépôt de mendicité le mettraient volontiers, sans doute, à la disposition de l'Etat pour en faire des maisons de travail. De plus, les grosses dépenses prévues pour la reconstruction de certaines prisons, dont l'agrandissement deviendrait ainsi moins urgent puisque la

(1) Dubois, *loc. cit.*, p. 258.

clientèle en serait diminuée, pourraient être utilisées en partie à cet objet.

Enfin il ne serait pas nécessaire de créer un grand nombre d'établissements de ce genre, car il est logique de penser que les réformes nouvelles que nous souhaitons amèneraient une diminution dans le chiffre des récidivistes vagabonds.

L'organisation du travail dans les maisons de travail forcé des nations étrangères pourrait être un modèle utile à imiter, en ayant bien soin d'éviter toute ressemblance avec une entreprise industrielle ou commerciale.

La relégation est le troisième degré du système de pénalités que nous proposons en matière de vagabondage. Cette peine ayant pour but de débarrasser la métropole d'individus qui constituent un danger social, ne doit donc être appliquée qu'à ceux pour lesquels tout espoir de relèvement est perdu. Nous avons déjà fait remarquer qu'il n'est pas rare de voir figurer à des casiers judiciaires 30, 40 et 50 condamnations pour vagabondage. Si, avec le système de la législation de 1810, de semblables situations s'expliquent, nous serions même tenté de dire s'excusent, avec celui que nous proposons elles seraient intolérables. Le vagabond qui aura encouru dix condamnations, devra être considéré, selon nous, comme un incorrigible invétéré, un antisocial irréconciliable et incapable du moindre effort vers l'amendement. Il devra être relégué, suivant les principes de la loi du 27 mai 1885. Est-ce à dire que le vagabondage ne devra plus rentrer dans le calcul des condamnations entraînant la relégation conformément à l'article 4 de cette loi? Nous n'allons pas jusqu'à cette conséquence qui fausserait ainsi le système en vigueur. Nous estimons en effet que la disposition nouvelle que nous proposons pourra remédier à l'impuissance que nous avons constatée au cours de l'examen de l'article 4, § 4, de la loi du 27 mai 1885.

### § 3. — *Mesures répressives à prendre contre les enfants vagabonds*

Nous avons préconisé le système de la législation belge quand nous avons eu à nous occuper des mesures préventives à prendre pour l'enfance vagabonde. En ce qui concerne les mesures répressives, nous nous inspirerons du même modèle.

À notre avis, la loi doit tout d'abord atteindre sévèrement les exploiteurs de l'enfance vagabonde et mendiante et rendre les parents toujours responsables du vagabondage de leur enfant. Puis, au lieu de punir, sans employer des moyens d'éducation et d'instruction, il importe de ne pas adopter, pour les mineurs vagabonds, le régime de nos maisons de correction contre lesquelles de très vives critiques ont été dirigées.

Des écoles de bienfaisance semblables à celles de Belgique doivent être ouvertes aux enfants sans famille ou dont la famille compromettrait la moralité. Là, ils apprendront ce qu'ils ont ignoré jusqu'alors, que le travail est le but de la vie. Ils devront rester dans ces écoles de bienfaisance jusqu'à leur majorité. A cette époque, ou avant, suivant leur conduite, l'établissement de bienfaisance pourrait s'occuper du placement des enfants qui manifesteraient du goût pour le travail, et les placer chez un cultivateur ou les mettre en apprentissage chez un artisan. En cas d'inconduite, ces enfants pourraient être renvoyés à l'établissement s'ils étaient encore mineurs.

Quant aux frais qu'occasionneraient de semblables réformes, nous croyons qu'ils seraient de minime importance, puisqu'il suffirait de modifier le régime de nos maisons de correction pour en faire des établissements tels que nous les souhaitons.

### § 4. — *Réformes relatives à la sûreté publique*

Il n'est pas de Conseil général qui n'ait fait entendre des doléances sérieuses contre la police des campagnes, doléances d'ailleurs très justifiées.

Certes le nombre des agents de la force publique est suffisant et le service qu'ils ont à faire est parfaitement défini. C'est ainsi que, dans son article 333, le décret du 1er mars 1854 indique nettement une des fonctions importantes de la gendarmerie : « Elle surveille, dit cet « article, les mendiants, vagabonds et gens sans aveu « parcourant les communes et les campagnes. Elle arrête « ceux qui ne sont pas connus de l'autorité locale et qui

« ne sont porteurs d'aucun papier constatant leur iden-
« tité, mais surtout les mendiants valides qui peuvent
« être saisis et conduits devant l'officier de police judi-
« ciaire. »

Loin de nous l'idée d'adresser des critiques au service fait par les gendarmes ; elles seraient injustes.
Bien au contraire, nous ne craignons pas d'affirmer que
ce sont pour les magistrats des arrondissements ruraux,
les auxiliaires les plus dévoués et souvent les plus
précieux, car ils possèdent généralement trois qualités
d'autant plus louables qu'elles sont rares : la sagacité,
l'honnêteté et le courage.

Et si les gendarmes ne rendent pas tous les services
qu'ils devraient rendre ce n'est point qu'ils ne le veulent pas, mais c'est au contraire parce qu'ils ne le peuvent pas. Détournée de son but unique qui est « de veiller
à la sûreté des campagnes et des voies de communication », la gendarmerie est surchargée de travaux qui
devraient lui être étrangers L'administration méticuleuse
de la guerre en a fait de véritables colporteurs des plis
officiels que chaque année elle répand en grand nombre.
Ajoutons à cela le transfèrement des prisonniers, le
service des audiences, de l'instruction, du conseil de
guerre, des gares, les revues, l'instruction militaire, etc.,
etc., et nous serons étonnés qu'ils soient encore les
agents de la force publique qui opèrent le plus grand
nombre d'arrestations parmi les vagabonds. C'est qu'en
effet si le service « de ce corps d'élite » est digne

d'éloges, il n'en est pas de même des autres fonctionnaires chargés de la sûreté publique. Garde champêtre ou agent de ville seront, l'un et l'autre, presque inutiles pour la répression du vagabondage, tant qu'ils exerceront aussi mal leurs fontions.

Le garde champêtre et l'agent de police dans les villes de moyenne importance sont généralement d'anciens agents électoraux que M. le Maire a récompensés du zèle qu'ils ont montré pendant la période électorale. Très connus, du reste, de la population, ils n'inspirent aucune appréhension aux habitants, dont beaucoup les tutoient et dont ils acceptent trop facilement les invitations au cabaret.

En outre, les agents de ville sont, le plus souvent, placés sous l'autorité des commissaires de police, dont la valeur morale et professionnelle laisse souvent à désirer. Ces officiers de police judiciaire sont plutôt des agents de renseignements pour la préfecture ou la sous-préfecture, et il en sera toujours ainsi tant que le recrutement s'en fera aussi mal et qu'ils dépendront aussi peu de l'administration de la justice.

Ce tableau n'a rien d'exagéré et pour s'en convaincre il suffit de connaître le nombre des procès-verbaux constatant les recherches infructueuses des délits qui ont été vraisemblablement commis par des errants.

Une réforme radicale s'impose donc et des mesures nouvelles de sûreté publique sont nécessaires.

Il faut ramener la gendarmerie à l'essence même de

sa véritable fonction : assurer l'ordre public et veiller à la sûreté des citoyens. Qu'on la débarrasse donc des exigences du recrutement en confiant ce service à des soldats ordinaires.

Quant aux gardes champêtres, leur nomination devrait être confiée aux préfets et non aux maires. Chaque commune devrait en posséder un (1). Il en serait ainsi également pour la nomination des agents de ville. Nous voudrions enfin un meilleur choix dans le recrutement des commissaires de police. Au lieu de les prendre parmi d'anciens sous-officiers, comme cela se fait généralement, sous le prétexte qu'ils sont « débrouillards », ne vaudrait-il pas mieux confier cette fonction purement de sûreté publique à d'anciens gendarmes offrant des garanties sérieuses d'honnêteté, de dévouement et aussi d'expérience du métier.

A ces principes de réforme se rattache une idée qui est de même ordre, puisqu'elle a pour but la recherche des coupables et qu'elle est basée sur un exemple malheureusement trop frappant : nous voulons parler des recherches à faire dans les prisons au moyen de signalements envoyés aux gardiens-chefs. Lorsque le

(1) M. Louis Rivière prétend que le nombre des gardes champêtres en France est de 32,000, alors que celui des communes est de 36,500. 4,500 communes sont donc dépourvues d'agents chargés de la surveillance et de la sûreté des voies de communication. Une enquête faite il y a cinq ans dans trente-cinq départements a révélé l'existence de 10,000 gardes champêtres âgés de plus de soixante-dix ans (V. CHANTEAU, *loc. cit.*, p. 160 et 162).

sinistre assassin Vacher purgeait tranquillement à Baugé une condamnation à un moins d'emprisonnement pour coups et blessures, il était recherché par le Parquet de La Flèche pour l'attentat commis par lui sur Alphonsine Deroult, huit jours auparavant. Or l'envoi pur et simple d'une note à la maison d'arrêt de Baugé l'eut mis immédiatement sous la main de la justice (1).

Nous avons cru utile de signaler cet exemple, car Vacher était un vagabond au sens légal du mot.

On voit donc l'utilité qu'il y a à décider que tous les signalements adressés au Parquet soient communiqués aux gardiens-chefs des prisons.

Tel est l'exposé du système répressif que nous préconisons en matière de vagabondage. Nous n'avons pas la prétention de le croire parfait ; mais en raison de l'exemple donné par les législations étrangères et en nous appuyant sur l'avis, au moins pour certains détails, de criminalistes compétents, nous croyons à son efficacité, parce qu'il inflige un châtiment redoutable « aux professionnels du vagabondage », indignes des secours offerts aux malheureux.

(1) *Revue des Deux-Mondes,* mars 1899, p. 429.

# CHAPITRE V

## Examen des principaux projets de réformes

Si depuis 1810 le législateur a fait preuve d'une inaction regrettable au sujet des réformes concernant les dispositions pénales relatives au vagabondage, on ne peut pas dire que les penseurs, les criminalistes, les magistrats eux-mêmes méritent ce reproche. De louables efforts ont été faits par les uns et les autres pour arriver à des résultats satisfaisants : des circulaires ministérielles ont été adressées aux autorités départementales et ont été suivies d'arrêtés préfectoraux ; des décrets ont été rendus ; des vœux ont été formulés par les assemblées départementales ; des congrès ont convié à des discussions importantes les représentants les plus autorisés et les plus distingués de tous les pays civilisés ; enfin des projets ont été soumis au Parlement par ceux de nos représentants qui placent les questions sociales au-dessus des mesquines préoccupations électorales (1).

Parmi les circulaires ministérielles, nous citerons celle du ministre de la justice du 4 novembre 1884 ;

______

(1) A la séance de la chambre du 5 décembre 1899, M. G. Berry a demandé au ministre de l'intérieur de prendre des mesures coercitives efficaces contre les vagabonds.

celles du ministre de l'intérieur des 6 août et 8 novembre 1894, du 10 juin 1898. A la date du 13 novembre 1897, un décret instituait, sous la présidence de M. de Marcère, une commission extraparlementaire « pour « rechercher les moyens propres à améliorer la police « du vagabondage et des campagnes », en utilisant mieux que par le passé les éléments divers créés par les lois existantes.

Mentionnons aussi tout spécialement la circulaire que M. le Garde des sceaux Lebret adressait, le 2 mai 1899, à MM. les Procureurs généraux, car elle est inspirée par des principes de réforme « généreuse et féconde ».

Enfin tout dernièrement, le 9 janvier 1900, M. le Ministre de l'Intérieur donnait l'ordre aux directeurs des circonscriptions pénitentiaires de faire un relevé du nombre des vagabonds incarcérés dans chaque prison pendant la journée du 22 janvier, et d'établir, sur ce nombre, la proportion de ceux « qui, en raison de leur « âge, de leurs maladies ou infirmités, peuvent être « considérés comme n'étant pas en état de travailler « pour subvenir à leur existence (1) ».

Toutes ces circulaires ont eu pour conséquence de donner naissance à des arrêtés préfectoraux, qui sont à signaler, parce qu'ils dénotent les meilleures dispositions pour entrer dans la voie des réformes. C'est ainsi que M. le Préfet de la Vienne prenait, en 1898, un

______

(1) Les résultats de cette enquête ne sont pas encore connus.

arrêté tendant à expulser du département tous les errants qui y sont étrangers. A la date du 10 octobre 1899, dans un département voisin, la Haute-Vienne, les mêmes mesures étaient prises.

Ce dernier arrêté, qui a eu les honneurs d'une citation à la tribune de la Chambre (1), décide :

« Art. 2. — Nul ne pourra exercer une profession « ambulante telle que celles de saltimbanque, bateleur, « chanteur ambulant et toutes autres industries simi-« laires, sans être muni : 1° d'une première autorisation « délivrée par le Préfet du département du domicile ou « par le Préfet d'un département frontière pour les « étrangers ; — 2° d'une deuxième autorisation délivrée « par le maire de chaque commune où l'intéressé vou-« dra séjourner.

« Art. 3. — Le stationnement sur la voie publique et « sur les terrains communaux des voitures servant au « logement des bohémiens, camps volants ou autres « individus nomades, sans profession avouée, est for-« mellement interdit dans le département.

« Art. 4. — Les individus étrangers désignés à l'ar-« ticle précédent seront refoulés sur la limite du dépar-« tement dans la direction du lieu d'origine. »

Ces arrêtés ont produit d'excellents effets dans les départements où ils ont été pris. Malheureusement ils

_______

(1) *Journal officiel*, 6 décembre 1899. Débats parlementaires, Chambre des députés, p. 2003.

ont eu aussi des conséquences fàcheuses, car ils ont déplacé le mal en refoulant dans les départements voisins les individus qu'ils expulsaient.

Depuis longtemps, les Conseils généraux se sont occupés de la question du vagabondage. Ils y ont d'ailleurs été invités tout particulièrement par une note qui leur a été adressée en 1895 par M. de Crésenoy, au nom de la Société générale des prisons et de la Société internationale pour l'étude des questions d'assistance, relativement aux mesures à prendre en vue de combattre le vagabondage et la mendicité dans les campagnes. Cette note a été suivie du vote de vœux nombreux, parmi lesquels nous citerons tout particulièrement celui adopté par le Conseil général de la Dordogne dans sa séance du 20 août 1895, après le rapport d'un de ses membres les plus distingués (1) et qui concluait à la création d'établissements d'assistance et à la modification de la législation pénale relative au vagabondage, de manière à appliquer un traitement différent aux indigents invalides, aux vagabonds accidentels et aux vagabonds professionnels. Enfin, le Conseil général de la Dordogne se déclarait prêt « à faire tous les sacrifices utiles pour la « solution de ce grave problème ».

Déjà, en 1893, le Conseil municipal de Paris avait

(1) Nous devons à l'obligeance de l'auteur de ce rapport, M. Delrieu, avocat général à la Cour d'appel de Rouen, d'avoir pu en prendre connaissance. Nous tenons à lui en témoigner ici l'assurance de notre respectueuse gratitude.

précédé dans cette voie les assemblées départementales, puisque, dans la séance du 21 mai 1893, M. G. Berry faisait voter trois projets tendant à l'abrogation de la loi concernant le vagabondage et la mendicité, considérés désormais comme des contraventions punies d'un internement dans des colonies de travail et variant de un mois à cinq ans. Ces projets préconisaient, en outre, la création d'ateliers communaux pour les citoyens sans ouvrage.

Au cours de cette étude, il nous est arrivé de citer très souvent les rapports présentés aux différents Congrès qui se sont réunis pour étudier les questions pénales. C'est qu'en effet ces rapports émanent de criminalistes éminents et qui y ont apporté le contingent de leurs études et de leur intelligence.

Quatre Congrès importants ont été tenus : à Rome en 1885 ; à Anvers en 1894 ; à Paris et à Lyon en 1895.

Le Congrès pénitentiaire international, tenu à Rome en 1885, était le troisième de ce genre. Les vœux suivants y ont été émis : 1° que l'assistance publique soit réglée de telle manière que chaque personne indigente soit sûre de trouver des moyens de subsistance, mais seulement en récompense d'un travail adapté à ses facultés personnelles ; — 2° que l'indigent qui, malgré cette assistance ainsi réglée, se livre au vagabondage et tombe, par conséquent, sous le coup de la loi, soit puni sévèrement par des travaux obligatoires dans des maisons de travail.

Il est indispensable, croyons-nous, de citer ici un
extrait du procès-verbal des séances tenues à Paris par
le Vᵉ Congrès pénitentiaire international : « La société
« a le droit, y est-il dit, de prendre des mesures de
« préservation sociale, même coercitives, contre les
« mendiants et les vagabonds. A ce droit correspond le
« devoir d'organiser, suivant une méthode rationnelle,
« l'assistance publique, les secours privés et le patro-
« nage. Il y a lieu de traiter différemment les mendiants
« et les vagabonds, suivant qu'il s'agit : d'indigents
« invalides et infirmes ; de mendiants ou vagabonds
« accidentels, de mendiants ou vagabonds profes-
« sionnels. Les premiers doivent être assistés tant
« qu'ils n'ont pas recouvré la force nécessaire pour
« retrouver les moyens d'existence. Les seconds relè-
« vent de l'assistance publique ou privée et doivent être
« recueillis dans des refuges ou stations de secours
« méthodiquement organisés, où le travail sera obliga-
« toire. Les troisièmes doivent être l'objet d'une répres-
« sion sévère de nature à empêcher la récidive.

« La mesure la plus efficace contre les professionnels
« est l'internement prolongé, en vertu d'une décision
« judiciaire, dans des colonies spéciales de travail. Les
« internés devront être libérés dès que, soit par suite de
« leur amendement, soit par suite des causes de reclas-
« sement, leur détention ne paraîtra plus nécessaire.
« Le travail dans ces colonies doit être envisagé, non

« seulement comme moyen de répression, mais encore
« et surtout comme facteur de reclassement (1). »

Toutes ces résolutions, mises successivement aux
voix, ont été adoptées par le Congrès, les deux premières à l'unanimité.

La même année, un Congrès national s'est tenu à
Lyon et les vœux qui y ont été adoptés sont les mêmes
que ceux adoptés au Congrès international d'Anvers en
1894 ; ce sont les suivants :

« 1° Il y a lieu d'appliquer un traitement législatif
« différent aux trois catégories jusqu'ici confondues et
« qu'il convient de séparer : indigents invalides ou
« infirmes ; — mendiants ou vagabonds accidentels ;
« mendiants ou vagabonds professionnels.

« 2° Les indigents invalides ou infirmes ont droit à l'as-
« sistance publique, qui doit les garder et les aider jusqu'à
« ce qu'ils aient acquis la force nécessaire pour retrou-
« ver des moyens d'existence. Il y a lieu de développer
« les institutions de prévoyance, d'ordre privé ou public,
« telles que les sociétés de mutualité, les assurances, les
« caisses de retraite, ainsi que les moyens d'assistance
« tels que les secours médicaux, les secours à domi-
« cile et les hospices intercommunaux.

« 3° Les mendiants et vagabonds accidentels relèvent
« de l'assistance publique ou privée et doivent être
« accueillis dans des refuges où le travail sera obliga-

(1) Dupuy, *loc. cit.*, p. 109.

« toire. Il y a lieu d'encourager et de subventionner les
« œuvres d'assistance par le travail fondées par l'initia-
« tive privée et de les relier par un organe central d'infor-
« mations et de propagande. Il y a lieu de provoquer
« les communes, syndicats de communes et départe-
« ments à créer des refuges publics. Les dépenses de
« ces refuges seront obligatoires et alimentées par les
« budgets communaux et départementaux et par des
« subventions de l'Etat.

« 4° Les mendiants et vagabonds professionnels relè-
« vent de l'action pénale et doivent être soumis à une
« répression sévère. Il y a lieu d'augmenter la durée de
« la peine en cas de récidive. Cette peine sera subie,
« d'abord en cellule, ensuite dans des établissements de
« travail, de préférence dans les colonies. »

Ces principes sont également ceux de la commission
de révision du Code pénal.

Ces congrès ont donc fait faire un progrès considé-
rable à l'idée de réforme, au point de vue qui nous
occupe. Il est à souhaiter que leur appel soit enfin
entendu.

Nous arrivons maintenant aux principaux projets de
loi qui ont été présentés et dont la discussion est atten-
due par leurs auteurs que la regrettable indifférence de
la Chambre des députés a rendus patients.

Un reproche général peut être adressé à la plupart
de ces projets. Ils ont le tort, à notre avis, de confondre
le mendiant et le vagabond dans les pénalités que l'un

et l'autre doivent encourir. Nous établissons une différence dans la culpabilité et la responsabilité entre le mendiant et le vagabond. On nous objectera peut-être qu'un vagabond est forcément un mendiant puisqu'il est obligé de se livrer à la mendicité pour subvenir aux besoins de l'existence. Cela est vrai, mais dans ce cas la mendicité revêt un caractère de gravité qui est tout spécial et qui ne se rencontre pas chez tous les mendiants, puisque, si tous les vagabonds sont forcément des mendiants, tous les mendiants ne sont pas forcément des vagabonds.

Chaque ville possède un certain nombre d'individus qui, paresseux instinctifs, préfèrent tendre la main aux portes, que travailler. A Poitiers par exemple, on peut voir, tous les lundis, des bandes de femmes et d'hommes, mal vêtus, âgés pour la plupart, se précipiter à la porte des particuliers et surtout des nombreuses communautés de la ville qui ont pris la mauvaise habitude de leur donner, et réclamer une aumône qu'ils considèrent comme une rente qu'ils ont à toucher à cette échéance. Chaque ville possède également un type de mendiant qui choisit certains quartiers et qui s'y installe, comme un boutiquier, pour y exercer un véritable métier (1).

(1) M. Paulian, l'auteur de *Paris qui mendie*, a finement tracé le portrait de ces mendiants exploiteurs de la charité publique. A Poitiers, tout le monde connaît cet homme qui se promène dans le quartier le plus mouvementé de la ville, qui, un jour, porte un bandeau sur la figure, le lendemain a le bras en écharpe, le surlendemain il boîte, et grâce à ces moyens, réalise des petits bénéfices qui s'élèvent souvent à la somme de trois à quatre francs par jour.

Ceux-là sont des indolents, des paresseux, qui ont trouvé dans l'aumône un moyen commode de vivre sans travailler ; mais ce ne sont pas des êtres dangereux qui guettent les occasions de commettre une mauvaise action et qui, surtout, ne recherchent pas des déplacements pouvant leur faciliter l'impunité pour les méfaits que la vie vagabonde les encouragerait à commettre. Pour eux, il suffirait, pour entraver cette sorte d'industrie, d'une surveillance vigilante de la part de la police, organisée sur les bases que nous avons indiquées, car nous n'allons pas jusqu'à admettre le système proposé par certains auteurs (1) et qui consiste à punir les personnes qui font la charité. C'est là un moyen excessif.

Au contraire nous avons vu que les vagabonds étaient des êtres redoutables qui inspirent des craintes très vives aux populations rurales. Au surplus, les statistiques que nous avons reproduites, au début même de notre travail, sont une preuve suffisante de ce que nous avançons.

Ces remarques faites, examinons les projets qui ont été présentés dans ces derniers temps, tout en laissant de côté ceux qui n'ont que le mérite de l'originalité (2).

(1) V. CHANTEAU, *loc. cit.*, p. 199.

(2) Pendant la période qui a précédé les dernières élections législatives, de nombreux candidats ont inscrit, dans leurs professions de foi, des propositions de réforme en matière de vagabondage. C'est ainsi que depuis l'arrondissement où l'idée des vagabonds cantonniers a été émise par un candidat malheureux, jusqu'à celui qui a la bonne fortune d'être représenté par M. Cruppi, la plupart des circonscriptions ont eu des candidats qui ont promis d'étudier les moyens de soustraire les citoyens aux menaces et à l'exploitation des mendiants.

La Société générale des prisons a été une des premières à étudier la répression du vagabondage. Un exposé très complet et très étudié, préparé par M. le pasteur Robin, forma la base d'une longue et intéressante discussion qui trouve sa conclusion dans la rédaction d'un projet dû à la plume de M. Duverger, professeur à la Faculté de droit de Paris. Le rapporteur de la société maintenait les principes posés par le Code pénal et se bornait à chercher le moyen de les faire appliquer utilement.

Il distinguait les vagabonds et mendiants suivant trois catégories : indigents invalides devant être enfermés dans des hospices départementaux ; valides en état de chômage involontaire pour lesquels des dépôts de mendicité, sortes de refuges, seraient ouverts et à qui on accorderait des subventions ; valides qui ne veulent pas travailler et pour lesquels il avait le tort d'indiquer le système de l'emprisonnement actuel.

Le projet de M. Duverger contenait une heureuse innovation : il posait le principe d'une législation spéciale pour les mineurs de seize ans, qui devaient être remis à leurs parents, ou confiés à un orphelinat, ou conduits dans une maison de correction.

Enfin M. Duverger avait très justement indiqué des peines différentes à appliquer aux vagabonds et aux mendiants. C'est un des rares auteurs de projets qui ait préconisé ce système.

En 1887, M. le député Maurice Faure, se rappelant

que plus de cent députés avaient promis, dans leurs
programmes électoraux, de s'occuper des invalides du
travail, soumettait à la Chambre une proposition de loi
« ayant pour objet la création d'asiles pour les invalides
« du travail et de maisons dites de travail pour les tra-
« vailleurs valides, sans ouvrage ». Cette proposition qui
est la reproduction exacte du projet de M. Duverger,
mais qui laisse de côté les mesures répressives, fut prise
en considération par la Chambre des Députés, à la date
du 11 juin 1892, après un très sommaire rapport de
M. Loreau, et dort en paix dans les cartons à côté de
tant d'autres (1).

En 1893, M. le professeur Léveillé reprenait, encore
une fois, le projet de M. Duverger et en adoptait les
mesures préventives et les moyens d'assistance (2).
Quant à la répression, il en soumettait l'application au
juge de paix et réclamait l'internement dans une maison
de travail à la troisième infraction. C'était un excellent
correctif au projet primitif.

Le 23 octobre 1894, M. le député Michelin déposait
une proposition de loi ayant pour but d'assurer aux
nécessiteux des secours immédiats par les moyens indiqués dans le projet de M. Duverger et de favoriser
l'assistance par le travail.

(1) V. *Journal officiel*, Documents parlementaires, 1892, p. 11, 43,
annexe n° 2151.

(2) V. *Le Temps* « du 19 août 1893 ». Ce projet avait été inspiré par la
commission instituée au Ministère de la Justice, le 26 mars 1887, en vue
de préparer la révision de la législation pénale.

Quelque temps auparavant la Chambre des Députés, à la date du 12 mars 1894, avait pris en considération une proposition de loi relative à la mendicité et qui est due à l'initiative de M. Berry, qui est un de ceux qui se sont occupés de cette question avec le plus de persévérance, puisque, depuis qu'il est député, il a déposé sur le bureau de la Chambre, deux projets de loi (1). Les principes qui s'y trouvent sont excellents, mais plus que tout autre, ce projet établit une confusion regrettable entre vagabonds et mendiants. De plus, la loi elle-même reste à l'état embryonnaire, en ce sens que les questions qu'elle soulève ne sont pas édictées.

D'après le premier projet du 16 janvier 1894, les départements et les communes pourront être autorisés par le Ministre de l'Intérieur, à ouvrir, à leur frais ou à frais communs, des refuges publics ou à subventionner des refuges privés. Ces refuges seront destinés à recevoir les personnes valides dénuées, dans ce moment, de moyens d'existence suffisants. Le travail y sera obligatoire. Une enquête devra être faite sur la personne admise dans le refuge (2).

Quant au projet du 25 janvier 1899, il peut se résumer ainsi : les articles de loi concernant le vagabondage et la mendicité sont abrogés ; le vagabondage et la mendi-

----

(1) Le second projet est tout récent, puisqu'il est contenu dans l'annexe du procès-verbal de la séance du 25 janvier 1899. — *Journal officiel* 1899, Documents parlementaires. Chambre. Annexe 660, p. 700.

(2) *Revue pénitentiaire*, 18° année, p. 951.

cité sont désormais considérés comme des contraventions avec faculté pour le juge de paix de pouvoir frapper le mendiant et le vagabond d'une condamnation variant de huit jours à cinq ans d'internement dans une colonie de travail. Ces colonies seront divisées en plusieurs sections où seront placés les internés, suivant leur degré de corruption. Enfin les conseils municipaux et les conseils généraux sont autorisés à voter des fonds pour organiser des ateliers communaux, où trouveront du travail les citoyens sans ouvrage, domiciliés ou nés dans la commune ou le département.

En 1895, M. Fleury-Ravarin, député, a déposé un rapport très complet sur l'évolution historique du droit au secours dans la législation française et sur les innovations à apporter en cette matière. Il préconise surtout le droit au secours pour les vieillards. En cas de refus de ce secours, il pourra être imposé sous forme d'internement dans un quartier spécial du dépôt de mendicité, prononcé par le juge de paix, sur la réquisition du maire (1).

A côté de ces différentes propositions dues toutes à l'initiative des députés, il y en a d'autres qui émanent de certaines personnalités très versées dans les questions pénitentiaires. C'est ainsi que nous avons mentionné déjà les théories de M. Drioux dont nous nous sommes

---

(1) *Journal officiel*, 1895. Documents parlementaires. Chambre. Annexes, n° 1673.

inspiré, à maintes reprises, au cours de notre étude. Mentionnons maintenant les propositions formulées par M. Ferdinand Dreyfus, au Congrès pénitentiaire international tenu à Paris en 1895. Il y a lieu, d'après lui, d'appliquer un traitement législatif différent aux trois catégories suivantes : indigents invalides ; vagabonds et mendiants accidentels ; mendiants ou vagabonds professionnels. Les premiers ont droit à l'assistance publique et il y a lieu de développer, en leur faveur, les sociétés de prévoyance publique et privée. Les vagabonds accidentels ont droit à l'assistance publique et privée, et doivent être recueillis dans des refuges où le travail sera obligatoire. Il y a lieu d'encourager les œuvres d'assistance par le travail fondées par l'initiative privée et de les relier par un organe central d'information et de propagande. Il y a lieu également de provoquer les communes et les départements à créer des refuges publics, dont les dépenses seront alimentées par les budgets communaux ou départementaux et par des subventions de l'Etat (1).

A côté de ces projets, dus à l'initiative individuelle, nous devons citer celui qui émane du Conseil supérieur de l'assistance publique et qui a été voté en 1889 sur le rapport de M. Charles Dupuy. D'après ce projet, les dépôts de mendicité seraient supprimés et remplacés : 1° par des asiles départementaux pour les vieillards ;

_______________

(1) *Bulletin de la commission pénitentiaire internationale,* avril 1895, p. 128.

2° par des maisons de travail ayant un caractère répressif. Les uns et les autres seraient créés et subventionnés par les départements. Les maisons de travail ne contiendraient que les individus âgés de 16 ans au moins et de 70 ans au plus ; elles recevraient, soit des reclus volontaires, munis d'un certificat du maire de leur commune, soit des reclus tombés sous le coup de la loi pénale (1).

Enfin nous arrivons au projet de loi déposé le 25 janvier 1899 sur le bureau de la Chambre par un député nouvellement élu, mais qu'une brillante carrière judiciaire avait préparé à la solution des problèmes juridiques, M. Jean Cruppi (2). Ce projet est en quelque sorte un résumé heureusement inspiré par toutes les solutions proposées antérieurement. Qualifié plus que tout autre pour préconiser de semblables réformes, M. Cruppi n'aurait pas dû cependant, à notre humble avis, proposer une intervention aussi large de l'Etat dans l'organisation de l'assistance à accorder aux chômeurs involontaires. Nous avons déjà indiqué les raisons qui font que nous repoussons cette intervention. Ajoutons que le projet, tel qu'il a été présenté, pouvait entraîner de lourdes conséquences financières pour chaque département où M. Cruppi proposait la création et l'entretien de maisons de refuge et de maisons d'assistance par le travail. Aussi cette partie du projet fut-elle l'objet d'une vive

(1) Oubert, *loc. cit.*, p. 161 et suiv.
(2) *Journal officiel*, 1899. Documents parlementaires. Chambre. Annexe n° 651, p. 495.

opposition, à la commission de législation criminelle de la Chambre, tant en raison des dépenses qu'entraînerait cette création, que par crainte aussi de voir poser, de la sorte, le principe du droit au travail pour tout chômeur involontaire.

M. Cruppi accepta avec une entière bonne grâce les observations qui furent ainsi soulevées au cours de la discussion. Il a su d'ailleurs en faire son profit et, quand son projet revint devant la commission, il avait subi les changements demandés. La commission adopta donc sans difficulté la nouvelle proposition qui, précédée d'un rapport longuement motivé, a été déposée le 28 novembre 1899 sur le bureau de la Chambre (1).

On n'y rencontre plus de déclaration générale de principes, plus de création obligatoire d'établissements coûteux. Des définitions précises de la mendicité et du vagabondage englobent tous les individus coupables et laissent échapper ceux qui peuvent invoquer une excuse. Quant à l'assistance des valides, elle se fera dans la mesure où les départements voudront être débarrassés de leurs mendiants et vagabonds ; leur intérêt leur dictera le montant des sacrifices qu'ils voudront consentir. Les vieillards et les infirmes seront hospitalisés si un établissement existe, dans ce but, pour le département. Cette hospitalisation sera ordonnée après enquête faite,

(1) *Journal officiel*, 1899. Doc. Parlement. Chambre, annexe n° 1237, p. 208.

dans les vingt-quatre heures, par le juge de paix, dont l'intervention préviendra ainsi des incarcérations regrettables.

Le vagabond, au contraire, l'inconnu voyageant sans papiers, sans moyens d'existence, sera dirigé sur le chef-lieu d'arrondissement, sur l'ordre et après interrogatoire du magistrat cantonal devant lequel il aura été amené.

Les mendiants et vagabonds arrêtés, dans l'étendue du canton chef-lieu d'arrondissement, seront traduits directement devant le juge d'instruction.

Faible pour un premier et un second délit, la pénalité doit être sévère pour le vagabond et le mendiant professionnels. La loi stipulera donc que les circonstances atténuantes ne pourront être accordées après la quatrième condamnation, mais les peines prévues pour chaque récidive cesseront d'être applicables s'il s'est écoulé plus de trois ans depuis l'expiration de la peine précédente.

L'emprisonnement dont nous avons déjà indiqué la durée ne sera pas toutefois irrévocable, et la perspective de la libération conditionnelle luira aux yeux du détenu désireux de se relever. Cette demande pourra être introduite par le condamné, mais elle devra être accompagnée de pièces justificatives constatant qu'il a acquis des moyens d'existence ou qu'il a un travail assuré, ou enfin qu'il doit être hospitalisé par une œuvre charitable.

La demande de libération conditionnelle pourra être introduite par le Conseil municipal de la commune d'origine, ou un citoyen solvable.

La libération conditionnelle devra être prononcée par le tribunal civil.

Enfin les dépôts de mendicité sont supprimés.

Tel est le projet de M. Cruppi, adopté par la commission de législation criminelle de la Chambre des députés. Nous nous permettrons d'y faire de très légères critiques. Tout d'abord, nous renouvellerons celle que nous adressions au début de cette partie de notre travail ; à savoir la confusion entre vagabonds et mendiants, au point de vue des pénalités. En outre, le délai de vingt-quatre heures, imparti au juge de paix pour faire une enquête sur l'individu arrêté, nous paraît insuffisant. Peut-être l'auteur s'est-il beaucoup trop rappelé, en proposant ce délai, des moyens que possèdent les grands parquets pour avoir des renseignements rapides, et n'a-t-il pas assez songé aux difficultés qu'éprouvent les magistrats des petits tribunaux pour recueillir ces mêmes renseignements. A plus forte raison, donc, ces difficultés seraient-elles plus grandes pour des juges de paix dépourvus notamment de moyens de communication faciles.

L'échelle des pénalités nous paraît également trop étroite à la base et à son sommet. Nous croyons, en effet, pour les raisons que nous en avons données, que la première infraction doit être considérée comme une contravention. Le maximum indiqué dans le projet nous paraît trop élevé, et nous pensons qu'il eut mieux valu l'abaisser, pour permettre de prononcer contre certains vagabonds la peine de la relégation.

Enfin, une lacune regrettable paraît avoir été commise, puisque le mode d'emprisonnement n'est pas spécifié pour ces coupables d'infractions spéciales.

Ces modestes observations étant faites, nous devons reconnaître tous les progrès que réaliserait le vote d'un semblable projet, bien digne d'attirer l'attention de législateurs soucieux de la grandeur de leur tâche.

Et maintenant que nous sommes arrivé au terme de notre étude, nous ne pouvons nous empêcher de nous demander si on ne nous soupçonnera pas d'avoir plutôt cherché à y exposer les illusions de rêves humanitaires, que d'indiquer un système d'organisation susceptible de parer à un mal que nous avions à analyser. Il n'en est rien.

Au cours de notre brève carrière comme avocat stagiaire, nous avons été appelé à défendre plusieurs vagabonds. Les observations que nous avons faites, sur ces clients d'occasion, nous avaient laissé une vive impression, que notre service dans le Parquet n'a fait que confirmer. Ce sont là les raisons qui nous ont amené à étudier aussi complètement que nous l'avons pu, le vagabondage et les moyens de le combattre. Notre conviction était et reste entière. Avant de s'armer pour châtier le vagabond, la société doit épuiser les ressources qu'elle a à sa disposition pour empêcher le malheureux de se livrer à la mendicité et à la vie errante. Après la chute, elle doit également lui venir en aide, en l'assistant et en lui facilitant les moyens d'être assisté par le travail, jusqu'à ce qu'on ait perdu l'espoir d'un relèvement possible.

Le législateur qui parviendra, soit en appliquant les principes que nous avons étudiés, soit par tout autre mesure, à atteindre ce but, aura bien mérité de son pays.

Quant aux magistrats chargés d'appliquer la loi, ils trouveraient, grâce à une telle législation, leur mission singulièrement allégée, puisqu'ils auraient l'absolue certitude d'être en présence de vicieux ou de révoltés. Il ne leur resterait qu'à examiner, en leur conscience, dans quelles limites la pitié peut atténuer les rigueurs de la justice, et il n'y aurait plus place, dans leur esprit, pour la préoccupation qu'entraîne toujours la pénible obligation de priver un être humain de sa liberté.

*Vu par le Président de thèse :*

NORMAND.

VU :

*Le Doyen,*

LE COURTOIS.

VU ET PERMIS D'IMPRIMER :

Poitiers, le 28 avril 1900,

*Le Recteur,*

H. CONS.

# BIBLIOGRAPHIE


*Archives de Neurologie.*

BECCARIA, Des Délits et des Peines.

*Belgique judiciaire.*

BERRY (G.), Rapport au Conseil municipal de Paris, 15 janvier 1892.

BONNET, Vagabondage et Mendicité. Discours de rentrée prononcé à la Cour d'appel de Paris, le 16 octobre 1899.

*Bulletin Commentaire des lois nouvelles et décrets.*

*Bulletin de la Commission pénitentiaire internationale,* avril 1895. (Rapports : Dreyfus, Drioux, Rivière).

*Bulletin de la Société générale des Prisons.*

CÉRULLAZ, Les Sociétés de Secours mutuels.

CHANTEAU, Vagabondage et Mendicité, 1899.

CHARCOT, Leçons du mardi à la Salpêtrière. Polyclinique, 1888-1889.

CHAUVEAU et HÉLIE, Théorie du Code pénal.

*Circulaire du Ministère de l'Intérieur.*

CLÉMENT, Discours de rentrée à la Cour d'appel de Poitiers, octobre 1894.

*Correspondant (le).*

COURNOT, Mendiants et Vagabonds professionnels. Discours de rentrée prononcé à la Cour d'appel d'Angers, octobre 1895.

DALLOZ, Répertoire alphabétique et supplément.

DRIOUX, Vagabondage et Mendicité. Discours de rentrée prononcé à la Cour d'appel d'Orléans, octobre 1892.

DUPUY (Hubert), Vagabondage et Mendicité (Larose, éditeur, 1899).

EYQUEM. Du Vagabondage. Discours de rentrée prononcé à la Cour d'appel d'Agen.

FAUSTIN-HÉLIE, Traité de l'Instruction criminelle.

*Figaro (le),* journal.

GARRAUD, Traité de Droit pénal français.

*Gazette des Tribunaux.*

Gilles de la Tourette, Traité clinique et thérapeutique de l'Hystérie, d'après l'enseignement de la Salpêtrière.

Heucqueville (D'), Etude sur les Conditions des mineurs en droit pénal, dans les diverses législations anciennes et modernes (Thèse, Poitiers, 1898).

Izambert.

*Journal officiel.*

Leroy-Beaulieu (Paul), L'Etat moderne et ses fonctions

Normand, Traité de Droit criminel (A. Pedone, éditeur, 1898).

Oubert, Des moyens de prévenir la mendicité et le vagabondage (Thèse, Dijon, 1898).

Paulian, Paris qui mendie.

Pitres, Leçons cliniques sur l'hystérie et l'hypnotisme, faites à l'hôpital de Saint-André, à Bordeaux.

Regnard, De la suppression des délits de vagabondage et mendicité.

*Revue pénitentiaire.*

*Revue des Deux Mondes.*

*Revue philanthropique.*

Rougé (L.), Des conditions auxquelles sont soumises l'Emigration et l'Immigration des Travailleurs aux colonies françaises et étrangères (Thèse, Poitiers, 1900).

*Temps (le), journal.*

# TABLE DES MATIÈRES



## PREMIÈRE PARTIE

### HISTORIQUE



## DEUXIÈME PARTIE

### LÉGISLATIONS ÉTRANGÈRES

## TROISIÈME PARTIE

### RÉFORMES ET PROJETS



Limoges. — Imprimerie V<sup>e</sup> H. Ducourtieux, rue des Arènes, 7.

ERRATA

---

Page 27, ligne 9, *au lieu de* : cette entreprise, *lire* : celle entreprise.
— 29, ligne 23, *au lieu de* : aéropage, *lire* : aréopage.
— 32, note 1, *au lieu de* : mendicandibus, *lire* : mendicantibus.
— 35, ligne 15, *au lieu de* : d'ordres religieux des mendiants, *lire* : d'ordres religieux mendiants.
— 36, ligne 22, *au lieu de* : bandes noires de grandes compagnies, *lire* : bandes noires des grandes compagnies.
— 40, ligne 19, *au lieu de* : M. de Bellieire, *lire* : M. de Bellièvre.
— 55, ligne 20, *au lieu de* : déliquants, *lire* : délinquants.
— 62, ligne 13, *au lieu de* : ce magistrat, *lire* : le magistrat.
— 65, ligne dernière, *au lieu de* : Naturaloerplegungstationem, *lire* : Naturaloerplegungstationen.
— 68, ligne 22, *au lieu de* : une colonie du cent..., *lire* : une colonie de cent soixante-six hectares.
— 93, ligne 18, et 95, ligne 2, *au lieu de* : Friedriksoord, *lire* : Friedrichsoord.
— 104, ligne 12, *au lieu de* : moins de un an, *lire* : moins d'un an.
— 108, ligne 2, *au lieu de* : maison de travail, *lire* : maisons de travail.
— — ligne 12, *au lieu de* : patronnage, *lire* : patronage.
— 205, ligne 16, *au lieu de* : tribunal civil, *lire* : tribunal correctionnel.
— 219, ligne 7, *au lieu de* : M. de Crésenoy, *lire* : M. de Crisenoy.
— 237, ligne 16, *au lieu de* : circulaire du ministère de l'intérieur, *lire* : circulaires du ministère de l'intérieur.
— 237, ligne 22, *au lieu de* : Dupuy, *lire* : du Puy.
— 240, ligne 15, *au lieu de* : Chapitre III. Section I. Mesures préventives, *lire* : Chapitre III. Mesures préventives. Section I. Mesures préventives applicables aux invalides.

---

**DU VAGABONDAGE**
*Thèse pour le Doctorat en droit*
André DALESME.

RED. :

19